世界五千年
科技故事丛书

卢嘉锡题

世界五千年科技故事丛书

中国近代气象学的奠基人

竺可桢的故事

丛书主编　管成学　赵骥民

编著　展文涛

吉林出版集团｜吉林科学技术出版社

图书在版编目（CIP）数据

中国近代气象学的奠基人：竺可桢的故事 / 管成学，
赵骥民主编. -- 长春：吉林科学技术出版社，2012.10（2022.1 重印）
ISBN 978-7-5384-6105-3

Ⅰ.① 中… Ⅱ.① 管… ② 赵… Ⅲ.① 竺可桢（1890～1974）
－生平事迹－通俗读物 Ⅳ.① K826.14-49

中国版本图书馆CIP数据核字（2012）第156248号

中国近代气象学的奠基人：竺可桢的故事

主　　编　管成学　赵骥民
出 版 人　宛　霞
选题策划　张瑛琳
责任编辑　朱　萌
封面设计　新华智品
制　　版　长春美印图文设计有限公司
开　　本　640mm×960mm　1 / 16
字　　数　100千字
印　　张　7.5
版　　次　2012年10月第1版
印　　次　2022年1月第4次印刷

出　　版　吉林出版集团
　　　　　吉林科学技术出版社
发　　行　吉林科学技术出版社
地　　址　长春市净月区福祉大路 5788 号
邮　　编　130118
发行部电话 / 传真　0431-81629529　81629530　81629531
　　　　　　　　　　81629532　81629533　81629534
储运部电话　0431-86059116
编辑部电话　0431-81629518
网　　址　www.jlstp.net
印　　刷　北京一鑫印务有限责任公司

书　　号　ISBN 978-7-5384-6105-3
定　　价　33.00元

序　言

十一届全国人大副委员长、中国科学院前院长、两院院士

（签名）

　　放眼21世纪，科学技术将以无法想象的速度迅猛发展，知识经济将全面崛起，国际竞争与合作将出现前所未有的激烈和广泛局面。在严峻的挑战面前，中华民族靠什么屹立于世界民族之林？靠人才，靠德、智、体、能、美全面发展的一代新人。今天的中小学生届时将要肩负起民族强盛的历史使命。为此，我们的知识界、出版界都应责无旁贷地多为他们提供丰富的精神养料。现在，一套大型的向广大青少年传播世界科学技术史知识的科普读物《世

界五千年科技故事丛书》出版面世了。

由中国科学院自然科学研究所、清华大学科技史暨古文献研究所、中国中医研究院医史文献研究所和温州师范学院、吉林省科普作家协会的同志们共同撰写的这套丛书，以世界五千年科学技术史为经，以各时代杰出的科技精英的科技创新活动作纬，勾画了世界科技发展的生动图景。作者着力于科学性与可读性相结合，思想性与趣味性相结合，历史性与时代性相结合，通过故事来讲述科学发现的真实历史条件和科学工作的艰苦性。本书中介绍了科学家们独立思考、敢于怀疑、勇于创新、百折不挠、求真务实的科学精神和他们在工作生活中宝贵的协作、友爱、宽容的人文精神。使青少年读者从科学家的故事中感受科学大师们的智慧、科学的思维方法和实验方法，受到有益的思想启迪。从有关人类重大科技活动的故事中，引起对人类社会发展重大问题的密切关注，全面地理解科学，树立正确的科学观，在知识经济时代理智地对待科学、对待社会、对待人生。阅读这套丛书是对课本的很好补充，是进行素质教育的理想读物。

读史使人明智。在历史的长河中，中华民族曾经创造了灿烂的科技文明，明代以前我国的科技一直处于世界领先地位，涌现出张衡、张仲景、祖冲之、僧一行、沈括、郭守敬、李时珍、徐光启、宋应星这样一批具有世界影响的科学家，而在近现代，中国具有世界级影响的科学家并不多，与我们这个有着13亿人口的泱泱大国并不相称，与世界先进科技水平相比较，在总体上我国的科技水平还存在着较大差距。当今世界各国都把科学技术视为推动社会发展的巨大动力，把培养科技创新人才当做提高创新能力的战略方针。我国也不失时机地确立了科技兴国战略，确立了全面实施素质教育，提高全民素质，培养适应21世纪需要的创新人才的战略决策。党的十六大又提出要形成全民学习、终身学习的学习型社会，形成比较完善的科技和文化创新体系。要全面建设小康社会，加快推进社会主义现代化建设，我们需要一代具有创新精神的人才，需要更多更伟大的科学家和工程技术人才。我真诚地希望这套丛书能激发青少年爱祖国、爱科学的热情，树立起献身科技事业的信念，努力拼搏，勇攀高峰，争当新世纪的优秀科技创新人才。

目　录

目 录 _____

收到留美通知以后

1910年8月5日中午，骄阳似火，天气闷热。唐山路矿学堂的办公室里，暑期留校的几位老师，摇着芭蕉扇子，在饭店聊天。一封官方急件送进来，土木工程班主任朱老师打开一看，原来是留美录取通知书。

"竺可桢考上了！"朱老师高兴地对大家说。

这喜讯，像一股疾风，冲破了院里的沉闷空气，迅速传播开了。师生们议论纷纷。

"竺可桢，是土木工程班，年年考第一的那个瘦个子南方学生吧？这次考上，应分该当！"

"据说，这次京城的留美考试，分两阶段进行。第一阶段初试，考国文和英文，七八百人应试，录取前200名；这200名经复试：数学、物理、化学、生物和历史等多科，最后择优录取70名，赴美国留学。通过两次筛选，能留下，真不容易。"

"在录取的70我中，竺可桢名列第28，就更难了！"

"说难，也不难。竺可桢的成功，是他胸怀大志，长期努力的结果。"朱老师这样说，因为他对竺可桢最了解。

竺可桢，1890年3月7日生于浙江省绍兴东镇。从小聪明好学，读私塾时，除了学好老师所讲的书外，还要求老师给他更多的书读，深得老师赞许。他家祖辈务农，从他父亲起，才开始在镇上经营粮店。起初生意较好，1900年后，逐渐不行了。这时他在镇上读小学，听老师讲，八国联军打进北京，烧杀抢掠，烧毁圆明园，抢走了无数财宝，还强迫清朝政府签订《辛丑条约》，割地赔款，所赔白银达四亿五千万两，按当时中国人口计算，每人纳一两。39年还清，连利滚成九亿八千万两。这就是中国历史上的庚子赔款。这种超额勒索，大大加重了中国人民的负担，也滞误了中国经济的发展。在竺可桢幼小的心灵里，留下了国家衰败，人民遭殃的阴影。一次老师让学生用苦、甜两字各造一句。竺可桢站起来，严肃说道，"丧权辱国最苦，国家富强最甜。"得到老师和同学的赞扬。

以后到上海，进澄衷子堂（中学），又听到蔡元培等先辈讲科学、教育救国的道理。他就立志要学好科学，使国家也富强起来，到路矿学习土木工程后，更加开阔了眼界，增强了信心，觉得外国人能做的，我们同样也能做得到。

竺可桢的国文基础好，但英语听力和会话都还较差。唐山路矿学堂的数学、物理、化学和英语等课，都是英国人讲授。起初他有些不适应，但他急需下工夫赶上。

竺可桢学英语的那股劲头，给老师和同学留下了深刻印象。每逢英语课后的下午，竺可桢都去找史密斯教授解答问题。他提的问题，不仅是英语课的，还有数、理、化课里的一些英语语法问题。教授对他提出的问题，多半是亲自讲解，有时，还请有关的英籍教师共同解答。一次教授说礼拜天午后要修理庭院里的花草，问竺可桢能否去帮他。竺可桢去了，教授一家人很高兴。这样一个中国人和一家英国人在一起，边剪枝、浇水，边交谈、学英语、学汉语，各取所需。大家有说有笑，过得很愉快，也学到不少东西。此后，每逢周日下午，他都去那里帮忙、学习。到期末，竺可桢英语会话进步之快，使不少老师、同学感到吃惊。

"竺可桢体质弱，到现在还没有回来，会不会考完累病，耽搁在那里了？"一位老师很担心地说。过了一会儿，忽然听到门外有人喊，竺可桢回来了！随着喊声，人们涌向门口。

竺可桢衣着白褂黑裤，一张笑脸黑里透红，闪动着汗珠，在阳光下显得格外油亮，微笑着来到大家面前。祝贺、感慨的话语，使他应接不暇，一再抱拳、点头，答谢老师和同学，他上前紧紧握住朱老师的手，老师双眼含着激动的泪花，喃喃地说：

"你留美的愿望总算实现了，可喜报临门，你人到哪里去了呢？也该做准备了！"说着把录取书交到竺可桢手里。

竺可桢仅扫了一眼榜文，说道：

"7月20日，考完复试的最后一科，我估量着考的还可以。听说8月初才发榜，还有十多天时间，就回唐山来了。在唐山站，遇到吴传海同学，他是土工一班的，家住市里，约我到他家，谈谈这次考试的体会。他家在海边经营盐场。吴同学中学读的是教会办的学校，他学习不错，英语会话流利。就这样，我俩一起去盐场住下，上午学习英语，下午去海边游泳，躺在沙滩上晒日光浴，饱览海天一体的壮丽景色。一晃十几天过去了，看我晒的黑黝黝的这模样，英语会话又有新长进。这也算是点基本的准备吧！"

朱老师听了非常高兴。对他这个蛮有心计的学生，殷切地说：

"通知要求，这期留学生，8月16日，从上海起程去美国。时间紧迫，抓紧收拾一下吧！"

火红的太阳，已开始没入西部天际的团团云朵之中，辐射出的万道金光，映照着大地。聚拢来的人们，各自散去了。

　　竺可桢回到宿舍，重又打开通知，仔细看一遍。不禁心潮起伏，浮想联翩。为了出国留学，1909年春天，他远离春意盎然的江南故土，一个人来到寒气袭人的北国唐山，紧张学习一年来，不仅增长了知识，还增强了体质，磨炼了意志。这期间一直没有回家，看来这是值得的。作为有志青年，虽已无退路可走。既已抱定科学救国的决心，只能舍弃一切，把留学美国作为一个起点，踏上人生新的旅程。

北极阁上的庆典

　　1930年元旦，早晨六点钟，载着气象预报的电波，传向祖国的四面八方。这是中国人自己第一次播送的气象预报，是由南京市北极阁上新落成的气象研究所播发的。

　　竺可桢教授是气象研究所的所长。他早年留学美国，获哈佛大学气象学博士。1918年9月回国，在东南大学等校，从事气象学和地理学的教学、科研工作，并曾为学生实习，筹建大学的测候所。1928年初，他应中央研究院院长蔡元培的约请，组建气象所。这两年多的磨炼，他本来瘦长的面颊，棱角更加鲜明，却也凝聚了几分刚毅；本来就消瘦的身材，更显单薄，然而却更硬实了。除夕晚上，竺所长与值班人员一起，忙活了大半夜，最后审阅完东亚气象图和气象预报稿才休息。

竺所长清晨起来，就听值班员说，气象预报播出后，收到不少祝贺的电报、电话，院部和市政府还说要来人呢！连上海租借地那家气象台的冷相宜，也说要派他在南京办事的助手冷迪登门道贺。

冬日的阳光，透过薄雾洒满院落，果然是个好天气。虽有几股湿冷的北风，不时迎面吹过来，但也不过二三级，竺所长不禁欢欣自语，信步来到院门口，出了口长气，双扩胸、躬身，做了几个深呼吸，顿觉浑身清爽。忽然听到汽车的阵阵嗡嗡声，由小而大传来，他将视线转向门口一侧的停车场。一辆黑色轿车戛然煞住，从车里闪身出来一个人，朝他奔来，同时喊着：

"竺老师，学生向您祝贺来了！"

竺所长张开双臂，两人紧紧拥抱在一起。来的这个年轻人，是院部秘书纪宇时。他登临北极阁，已是多次了，但驾车沿新修的石渣路盘环上来，却还是第一次。他对师长亲切地说道：

"北极阁，真是大变样了。两年前还是勘察所址时，这里荆棘丛生。山顶上的北极阁道观旧址，也是残墙断壁，摇摇欲倾。您说这是山顶平坦，视野开阔，适于建气象所。现在一座别致的气象院落，出现在山巅，老师多年的愿望，实现了！"

北极阁，位于南京城东北，是属于钟山向西延伸的余脉，北邻玄武湖，南瞰市区。在北极阁上新建的气象所，是一坐北朝南的院落，院内两栋平房，一幢楼房，依围墙而立。对院门向下，有灰砖砌成的阶梯便道。墙侧路边，均已植树绿化。到冬去春来时，虫鸣鸟叫，与大自然融为一体。院内装置的各种观测仪器，也是当时最先进的。师生二人兴高采烈，谈论着这些可喜的变化，被所里众人迎进办公室。这时纪秘书才郑重说道：

"老院长让我代表他和研究院，热烈祝贺气象所的落成，和首次播送气象预报。为中国近代气象事业奠定了基础。竺所长及诸同仁为此付出了辛勤劳动。院长要我向大家致以亲切慰问！"

随后，工商界、航运部门的代表，相继前来祝贺。大家都说，创建中国人自己的气象所，是盼望已久的事情，从此，再也不受外国人的欺诈了。

在参观过程中，各界人士异口同声地说：

"在北极阁这个荒山包上，仅用一年多时间，和那么有限的资金，就建成些房舍、院落，还购置了这么多仪器、图书，在当今真是不容易，也太难为竺所长了。这也说明竺教授办'所'有方，节俭清廉，全所同仁同心协力，以国事为上。"并表示，继续支持办好中国人自己的气象事业。

竺所长向大家介绍，我们的气象预报，是收集了我国和东南亚的56个气象台站的观测资料，经过综合分析，画出气象图后，才做出来的，是最可靠的。尤其是台风预报，我们有哈佛同学在马尼拉台及时发来的测报数据，就更加准确了。

上午11点左右，南京市政府鲁副秘书长驱车来了。他下车后，首先看到门口左侧，挂着写有"中央研究院气象研究所"的木牌，心里就不高兴。寻思片刻，见还无人来迎接，就有些恼火了。在进退两难的时候，里面来人忙把他迎进办公室。

竺所长同这位鲁副秘书长，曾打过几次交道。在审批建所用地时，被他挡回两次。他认为，气象所既然是在大学里开始筹建的，就该叫大学的气象所，或江苏气象所，而不应命名中央的什么气象所。这会儿，当竺所长与大家一起来会见这位迟到的来宾时，鲁副秘书长一见众人，觉得在这里官衔本人是最高的了，以致只说了句，"今天我是来向气象所祝贺的，"就大声质问起来了。使在座各位，甚为惊异。这位土地老最后竟说道：

"竺所长，你也该想想，若不同地方各界协同办事，这个所还能维持多久！"

这种威胁的话语，激起大家的不满。正要起来争辩时，走进来一位西服革履的洋人。他就是冷向宜的助理冷迪。其实，他已经在室外静听多时了。

只见他不慌不忙，脱帽抚胸，躬身施礼，糅着洋腔说道：

"请接受本人新年的祝贺。虽然我迟到了，但我有幸听到，刚才诸位富有远见的议论。竺先生惨淡经营十几年，才办起来这么个气象所，就想把我们挤出去。要知道，在中国我们台已是参天大树，而你这个所不过是棵墙头上的小草。恕我直言，中国人自己是办不了气象事业的！"

话音刚落，鲁副秘书长猛地站起来说：

"这里，我们中国人在议论自己的事，你一个外国人，来掺和什么！"

竺所长压抑着内心的满腔怒火，说道：

"冷迪先生，谢谢你的祝贺。请转告冷向宜先生，你们的指责是毫无道理的。发展本国的气象事业，是维护国家领土主权的完整所必需的，对此你们是最清楚不过了。所谓大树与小草的比喻，是浅薄无知的。我们脚下的北极阁，原名钦天山。早在公元420年，南北朝时期的刘宋年间，就曾在此设有司更台，元、明两代设观象台，只是到清朝康熙年间，才迁往北京。可称得上历史悠久。如今，我所虽在此建成不久，这是一代中国人，十几年奋斗的结果。为此，我们忍辱负重，远渡重洋，学成回国，办教育，兴科技，联络世界各地友好人士，在国内各界贤达的支持下，创办起中国人自己的气象研究所。今天首次播送气象预报，我们的气象事业才迈出了第一步，前进的路还很漫长。"

"当我们欢庆这个有意义的日子时，赞颂固然使人振奋，而诅咒也倒能使人清醒。仅凭后一点，我还得感谢你，冷迪先生！"

泰山建站

　　雄伟的泰山，如鹤立鸡群，突起在山东中部丘陵之上。主峰玉皇顶海拔1524米，顶上有辉煌的建筑群玉皇庙，为历代皇帝登封祭典和人民登山瞻仰的圣地。景观独特，为世人所瞩目。

　　竺可桢应国际气象组织国际极年观测要求，负责中国区域的观测工作。于是他就与山东省建设厅联系，合建泰山气象站。他亲自与建设厅的人登泰山勘察，选定在玉皇顶东南一隅的日观峰上建站。在泰山顶上建气象站，可说是登峰造极第一回。

　　竺可桢一向认为，气象台站的建设，不仅是气象科学研究的基础，而且关系国计民生和国际气象事业。早在1921年，他就曾撰文呼吁，我国应设立气象台站。此后，在1928年筹建气象研究所期间，又提出在全国设立气象台站的具体计划，希望十年内完成。但由于政府当局忙于打内战，拨款筹建这样的气象台网是不可能的。竺可桢为应付急需，并作为倡导，一方面从气象所有限的资金中挤出部分来，并抽出人员，建起少数气象站，另一方面积极策动需要气象资料的部门和地方当局，自建或合建一些气象站。泰山气象站就是合建的一例。

1935年4月1日，泰山气象站破土动工，开始建设。山东省建设厅派出建筑师刘福春负责现场施工，气象研究所派出高淇珊监工。平整场地，凿石运料，进展顺利。开工五个月，全部花岗石墙体，多半已砌起来。9月2日，竺所长在南京突然接到高监工发来的急电：工地及测候所财物昨夜遭抢掠，人心惶惶，难以施工，请所长速来解决。

9月5日，竺可桢赶到泰安，与迎候的高监工和刘建工会合。手下人向他汇报了遭抢的详细情况，说道："9月1日晚，睡在玉皇顶东厢房的观测和施工人员，被阵阵敲门声惊醒，一问，回答说是找地方借宿的。我们说这里边没地方住。他们说不信，要开门看看。待开门后，这哪里是借宿呢？一伙十几个人，持刀端枪，拥进来吓道：住不下，就给点上路钱吧！大家如梦初醒，呆呆地坐着，看这伙人翻箱倒柜，拿衣搜兜，有个像头儿样的还说，你们只要待着不动，不会伤害你们！那头儿还紧催，快点，说若惊动了山下住的冯司令，抓住你，可得吃枪子！有一个说，别怕，这里又没有贴韩司令的告示。那头说，你知道个啥！就是韩司令，见到冯司令也得点头哈腰的，快溜吧！一会工夫，把个测候所及施工房洗劫一空。所幸施工银两大都存在泰安城的银号。被抢去的主要是预备支付的运费800元和施工人员个人的银两600多元。但这对劳工的生活和施工，影响也很大。最好与山东省设厅商量，能予以补助解决。"

竺可桢听后说道：

"看来两个问题需要马上解决。一个是补救遭抢损失，二是日后的安全保障。第一个问题，与建设厅商量，按原定方案解决：材料运费由建设厅拨款补足，劳务人员损失由所里补助解决，刘工，你看如何？"

刘工说：

"我看可以，双方承担，估计建设厅不会有意见。但须要请厅里审批。"

竺可桢继续说：

"第二个问题很棘手，但必须保证安全。一方面我们与建设厅一起，省政府出个告示，表明是纳入省府的建筑项目，予以保护；再方面，我想去拜访一下冯玉祥将军，请他设法维护一下测候所和建筑工地的安全。"

高、刘二位都认为这样办很好。近几天内即可复工。

9月6日上午7点，竺可桢一行三人，从泰安的县府招待所，乘马车向泰山进发。车行一个多小时，离开环山大路，奔向北侧密林深处的普照寺。著名爱国将领冯玉祥就住在那里。

普照寺，位于泰山南麓，东西两条登山路之间的山垭坡地上。北靠凌汉峰，东西两边也被群山环抱，丘低坡缓，水土丰厚，林茂景幽。自从冯将军携卫队营进驻普照寺以来，附近百姓安居乐业，从未有过匪患扰乱。

这天上午不到9点，冯将军就来到前院散步。前门警卫看到他在前院徘徊，猜想一定是临门迎候远方来的贵宾，精神更加抖擞。不一会，竺可桢一行三人，风尘仆仆来到门前，才要进前通报，就见冯将军高大的身躯，着中式裤褂，左手持着扇，右手老远就伸向前，乐哈哈地说道："欢迎，欢迎"，健步朝这方走来。

竺可桢上前握住冯将军一双大手说：打扰将军了！冯玉祥忙说：哪里话，你是博士老师，我冯某请都难得呢？两人如故旧重逢，一行人谈笑着，经过几座庭院，来到菊林院冯将军北屋书室。副官上茶，并给客人递上蒲扇。冯将军摇着蒲扇说道：

"蒲扇好，带上它出去散步，可扇风驱热，打蚊子，走累了，放下来当坐垫。"

竺可桢听着这朴实的话语，不断地点头。

冯将军接着说：

"听说竺博士在玉皇脚下动土建气象站，我赞赏你的胆识。传说玉皇顶是历代皇帝与玉帝对话、领授玉旨的地方，不过是欺人之谈。但岱顶居高临下，视野极为开阔，你在那里建站，观测气象，服务国家人民，确实意义重大！"

竺可桢说：

"为提高我国气象观测和研究水平，当前最起码需要建两个高山气象站。现在已商定在峨眉山和泰山建站。泰山气象站与山东省建设厅联合选建在日观峰的一席平地上。那里离水源泉也近，观测人员生活方便。建站工程自4月1日开工以来，进展很快，现在基础工程已完，房子接受封顶阶段。不料，9月1日晚，遭到一伙人抢掠。财务损失了些，闹得人心惶惶！"

冯将军听到这里，愤怒地说：

"真是无法无天！这伙人，是不是些散兵游勇？他们专干些打家劫舍的事！现在竟闹到泰山顶上来了！这里是万民崇尚的圣地，岂能容歹徒意妄行。竺博士放心，我这就写信，叫省府韩主席出个告示，告诫这伙坏蛋。另外，叫我的卫队营，隔三差五上去几个人，到工地转个弯看看，还可以向外界说，是卫队营警卫的工地！"

冯将军略停顿一下，寻思后说：

"咱们商定个日期，请卫队营全体官兵出动，以支持你们的形式造下声势。你们哪天用马车将建筑物资运到中天门，卫队营帮着卸车，运上一段，再由你们的雇工接运。中天门游人多，传嚷出去，叫人们知道工地是卫队营照管的。"

竺可桢感谢冯将军的热切关照。但无以答谢，感到非常难为情。

冯将军忙说：

"你们建成气象站，搞好天气预报，造福人民，为国增光，是再好也没有了！"

看到竺可桢等起身告辞要走，冯将军阻止说道：

"请留下，在我这里吃午饭，午后送你们上山！"

这样，竺可桢一行三人，午后辞别冯将军，坐上卫队的马车，沿盘路上山。三个人不断议论说，如今当政的，有一半像冯将军就好了！

至中天门下车，徒步攀登3.5千米，登高700米，经五松亭小息，再载十八盘到达南天门，这一路攀登真够累人的。但沿途不时出现的胜景，每次看到都有新意，感到心旷神怡。至玉皇顶已近傍晚，望满天晚霞，比山下更光彩夺目。

竺可桢顾不上休息，就到东厢房，慰问测候所和工地人员，随后又看了工地。见花岗石砌墙密实平整，已高过两米。方石等物料，放置整齐，但见到用做输水的马口铁皮管，在地面上裸露，不是长远之计。嘱咐须将其置于沟槽内，上面再用水泥封好，才能耐久使用。

回到厢房住室，竺可桢与大家一起吃饭，并讲了损失钱财的贴补办法和采取的安全保障措施。大家听了很是高兴，表示请竺所长放心，保证如期完工，交付使用。

1936年6月泰山日观峰上的气象站建筑完工。从此，这里的高山观测业务迁新址进行。

至今，那坚固耐用的花岗岩石砌建筑，仍被山东省气象局泰山气象站延用。虽然近年扩大了建筑，远远看去，今非昔比。但人们不会忘记，日观峰气象站是竺可桢三上泰山，不辞劳苦筹建起来的。

气象"卫星"

1957年10月4日，苏联发射第一颗人造地球卫星。这消息传到中国。当时中国还不能发射卫星，但国人不愿冷落这个新词，于是在中国人的社会生活中，出现了一种说法，即把社会上出现的冒失事物，包括做出的成绩、发表的文章等，叫做放"卫星"。一时间各种"卫星"满天飞。这时候，竺可桢已年近70岁，任中国科学院副院长，一次与几位老相识聚在一起，遇到年轻人催问：什么时候放卫星？在座一位老科学家，指着竺可桢说：

"竺老早在30年代就曾放过气象'卫星'，那在当时，可真是高水平的！"

另外几位年近花甲的科学家，也都点头称是，答应把情况介绍一下。

在20世纪30年代，世界各国科学技术水平有限，不能发射地球卫星。但用做气象探测的气球，已施放多年了。把升空最高的气球比做卫星，是再贴切不过了。事情是这样的：

竺可桢通过对欧、美等国高空探测设备、资料的收集分析，置备了高空探测气球和仪器。组装完备，经检查轻盈坚韧可用。于1936年3月16日下午两点，在南京北极阁气象所，将高空探测气球施放升空。过了三天，于19日接到南通函告，有人拾到气球所系仪器，就派人去取回。见所系仪器毫无损坏，气球只炸破一孔，取出仪器后，才发现气球升空7千米以上时，时钟就停了。因温度已是零下28℃，钟内油凝固造成的。最低温度零下63℃，最低气压约为97325帕。据此可推算，气球升空高度为77714米，进入平流层。当时在东亚各国创纪录的第一次。所获的气压、温度、湿度等气象资料，弥足珍贵。所以，把1936年3月施放的这个进入平流层的探空气球，比做卫星，并不为过。

在20世纪30年代，竺可桢在充分搜集资料的基础上，进行的气象科学研究，达到新的高度。于1934年9月发表在《地理学报》创刊号上的《东南季风与中国之雨量》一文，属于中国气象科学经典著作。这篇文章内容丰富，立论严谨。文章最后结论有三：其一，夏季季风带来的暖湿气流，所能产生降雨的多少，取决这种暖湿气流是否上升。上升越快越高，则降水量越大。澄清了长期以来，人们认为我国夏季降水，纯属季风雨的误解。其二，东南季风强（弱），则长江流域主要是旱（涝）象，华北方涝（旱），这种负相关。其三，肯定苏东坡舶棹风诗："三时已断黄梅雨，万里初来舶棹风。"意思是说季风刮起来。黄梅雨期就过了。这合乎科学道理。

竺可桢20世纪30年代初关于季风的开拓性研究，所得出的三个重要结论，可比做一箭三星，发射升空。这些结论，在气象科学领域，至今仍有指导意义。

"人多为患"

谁是认识到中国"人多为患"的第一人？

最早认识到这个问题的是洪亮吉。他是清代乾隆、嘉庆时的学者，有《意言》关于《治平》一节是这样论艺术品的：比如以一个家族的发展为例统计起来，在高祖、曾祖的时候，有十间房，田十顷，单身一人，结婚后不过二人，有宽条；以一人生三个孩子计算，到儿子那辈，父子共四人，各娶妻则有八人，此后，子又生孙，孙又娶妻，家族可发展到二十多人了，仅住十间房，吃十顷地的产粮，已显不足了。洪亮吉是从一个家族的发展，进而提出中国人口问题的严重性的。可谓中国人口论的鼻祖。

但是，谈到人口问题时，大家很容易想到的是马寅初。1957年，他撰写的《新人口说》，遭到了厄运，被打入了冷宫。但其本人却得到不少科学家的深切同情，这其中就有竺可桢。

竺可桢深知，马寅初是忧国忧民的正人君子，抗战期间，他所领导的浙江大学在遵义办学时，首邀马寅初到浙大任教。新中国成立后，他又支持马室初任浙大校长。他赏识马寅初的人格，与他的学术思想也是相通的。

竺可桢生在浙江绍兴东关镇，但他祖籍是保驾山。在那低矮丘陵和水田交界处的自然村庄里，竺家祖辈都靠种田生活。自己家的田地本来就不多，经几代分家，各家所分得的田地，很难维持生活。竺可桢的父亲，是同胞三兄弟中最小的一个，青年时，不得不离开家自谋生活，去东关镇设米摊、开粮店，开始的十多年生意还好，攒点钱，在镇上盖了房子，竺可桢就出生在这新落成的房舍里。这时，保驾山老家，和他同曾祖的弟兄，已16人之多。到他这辈，若再把田分成16份，每份就更少得可怜了！

一个族系家庭人口发展造成的后果，竺可桢切身体会。一个县以致一个省的人口状况呢？

早在1921年，竺可桢在筹建东南大学地学系时，撰出的培养目标，即以调查全国的地形、气候、人文、动植物及矿产为己任。实际是包括地理、地质和气象的理科通材。并以清政府曾轻易将"台湾"割让给日本，沙俄将阿拉斯加低价（720万美元）卖给美国为例，说明当政者，因缺乏地理知识和远大眼光，而酿成的难以挽回的大错。

还因以日本人研究中国地理的书籍，远多于中国人对本国的研究，而感到羞耻。此后，在讲解地理学时，强调地理学包括自然地理和人文地理两部分。作为人文地理研究的示范，1926年，竺可桢根据近年查阅县志、省情汇集的资料，发表《论江、浙两省人口之密度》一文。指出，世界上人口最密集的，每平方千米390人以上的县，浙江省有14个，江苏省（除上海外）有21个。竺可桢认为"已人满为患"，如不采取措施，"生活程度的提高是困难的。"

中国地域辽阔，各省（区）情况差异较大，两个省的情况不一定能代表全国。但竺可桢当时所做的，至少也总算是对国情调查的一种良好尝试。可惜，历来中国的当政者，对国情制宪全面了解，也不注重调查。有的粗略知道，"地大物博，人口众多"。只有经过国情调查，才发现我国地大，但荒山、沙漠占地颇多，可耕地少；"物博"不错，物种繁多，其中有的矿种丰富（煤），但有的（铁）却较为贫乏。在20世纪60年代，只认识到"人多好干活"，对人口增加带来的沉重负担，缺乏清醒认识，以致酿成人口暴涨的严重后果。1979年后，国家发展步入正确轨道，控制人口发展，实行计划生育，成为基本国策，取得的显著成果受到联合国有关组织的赞赏。

竺可桢早在20世纪70年前发表的论文，表明他是对中国人口过多忧虑较早的一个人。也说明他是"先天下之忧而忧"的有识之士。

"约法三章"

1936年2月16日，星期天，上午8点钟，侍从室来人告诉竺可桢，陈布雷先生传信，蒋先生约竺教授，21日去住所谈谈。他联想近日，听翁文灏说的，陈布雷打算向蒋先生推荐他，出任浙江大学校长，蒋的约见可能与此有关。但没有想到事情来的竟是这样的快，以致使他觉得不知如何是好。于是决定先找蔡元培商量。蔡先生是中央研究院院长，竺可桢敬重的老领导。老先生听了竺可桢讲的情况后说，蒋先生约见，你是不能不去的，去浙大的事可婉言辞谢，申述一下气象所工作才拓展，不能脱离。听了老院长的话，觉得心里有了底，又不时想到浙大情况。

浙江大学的前身是求是书院。1897年由清朝末年的杭州知府林启，在甲午战争以后图强谋变而兴新学创办的。

1902年改称浙江大学堂，至1927年才叫浙江大学。此后，至1936年这10年中，已历四任校长。现任校长郭任远，是1933年上任的。此时，日寇侵略我国，步阀加紧。而国民党却坚持推行"攘外必先安内"的反动政策，并效法德、意法西斯，在学校强化思想统制。郭任远积极配合浙江省当局，在浙大对学生施行军事管理，依靠军训教官和训育管理人员，侦查学生活动，肆意处分学生。在郭任职三年中，先后开除和勒令退学等处分的学生达百人之多。这位郭校长，对教职员工，也盛气凌人，时有侮蔑凌辱。致使梁希、束星北等50多名教授先后愤然离校。郭的拙劣行径，遭到校内外人士普遍反对。

浙大学生具有光荣的革命传统。1931年，九·一八事变发生以后，浙大学生首先奔赴南京，要求抗日，引起全国各地学生，纷纷赴南京请愿。1935年，北平发生一二·九抗日游行。12月10日，浙大学生见到报载，当即召开全校学生大会，表示响应。11日，浙大学生发动杭州各校学生近万人，冒雨举行抗日示威游行，并准备于21日赴南京请愿。郭任远竟勾结军警，在20日深夜，将浙大包围，抓走12名学生代表。由此激起驱郭怒潮。全体学生开会决议，发表驱郭宣言，不再承认郭为校长，要求教育部另派人继任，同时决定罢课。

教育部闻讯后，一方面命教务长郑晓沧负责维持校务，一方面准备另行委派校长。但是蒋介石认为"此风不可长"，仍想保郭。尽管，1935年的圣诞节，蒋先生过得并不吉祥。1936年1月，他还是想碰碰运气。1月21日他到浙大视察，先是威胁学生代表"复课，否则将绳之以法。"遭到拒绝。而后对全体学生训话说，"父辈给你们请来的师长，竟能无理赶走？"学生据理力争，坚持罢课。使委员长实在感到局势已无法挽回了，才同意更换校长。当时身为侍从室主任的陈布雷，首先将竺可桢推荐给他，这才有蒋的约见之事。

3月21日9点钟，竺可桢乘车至中山门外蒋介石寓所，应约赴会。本来约上午10点，他早到10多分钟，但见会客室已有浙江省财政厅长等七八人等待了。约过了一小时，蒋先生才来，说是在学校训话，耽误了时间。又过了五分钟，竺可桢由陈布雷招呼见蒋。这是竺可桢第一次会晤蒋介石。不知为什么，蒋开始竟问他，是否才从北平回来？他只好照实说，去年曾去过北平。接着蒋便谈起要他出任浙大校长的事。称他是来自浙江的贤士，学识渊博，治学经验丰富，定能不负众望，将浙大办好。竺可桢说，身为浙人，办好浙大，责无旁贷。唯气象所事，才拓展铺开，须与蔡先生商量后，才能定下来。蒋说，气象所可兼职，希望快些去上任。约谈了七八分钟即出来。竺可桢又向陈布雷询问了浙大的近况。陈告诉他：浙大现有工、农、文三个学院，学生总共700人，每年经费76万元，郭任远任职期间，开除学生太多，与教职工又不和睦，积怨太深，不得不换，望早做抉择。

回家的路上，小雪纷飞，飘落到地上就化了，空气湿润清凉。竺可桢对蒋、陈的敦促仍犹豫不决。他想到，大学的校长，不仅事务繁忙，而且又要常同官场打交道，而他自己是既不善于，又不屑于侍候部长、委员长大人的。更叫他放心不下的是气象所。气象科学研究，才开始起步。正在进行中的气象台站建设还有许多事待人去做。特别是培养的人还不够成熟，这些都使人不忍心离去。虽然他还可以兼任所长，但毕竟一个人的精力有限，况且局势日趋紧张，日本侵华的战争，随时可能发生。一旦爆发战争，怎能兼顾两地呢？但他又进一步想到，郭任远的失败，实际上是在校工作的失败，此时若不为浙大着想，而只求明哲保身，则浙大势必又陷于党部之手，结果还是办不好，误人子弟……

回到家中，见亲友齐聚一堂，听他讲，果然是出浙大事，更加议论纷纷。邵元冲，是竺可桢夫人张侠魂的二姐夫，当时任立法院副院长，主张竺去浙大。认为气象所境域有限，远不如大学广阔，大有开拓发展的余地。气象所的同仁，同意他去浙大任校长，但强调一定要兼任气象所长。这样既可以在大学施展才能，又可以利用大学校长广泛社交途径，引进财力，发展气象事业。陈训慈是竺可桢的学生，毕业后在浙江省图书馆工作，是陈布雷的弟弟，有些可靠的小道消息。这次特来告诉竺老师说：

"要求竺老师出任浙大校长的事，开始是由浙大教务长郑晓沧提出来的。以后由布雷兄向蒋先生推荐的。据说这一个月来，还有人推荐了几位。品德学识都不如竺老师。近年来浙江省文化衰退，急需浙大做中流砥柱，发展局面。"

竺夫人张侠魂，以前是女子中学教师，支持他出任浙大校长。她说，还因为现时大学教育问题众多，办教育者风气不正，有抱负的正派人，更应该站出来，担起重任，用实际行动做出榜样来。

邵元冲感慨地说：

"一所浙大办不好，贻误的将不只是浙江一省，而是江南一方啊！"

在众亲友的劝说下，竺可桢经过反复考虑，又于23日去上海，请示老院长同意，最后决定接受提名，出任浙大校长。

3月8日，竺可桢走访陈布雷，告诉他（实际也是通过他，转告蒋先生），接受提名，出任浙大校长。但提出三个条件，即约法三章：

1.财政须源源接济；

2.用人，校长有全权，不受政党干涉；

3.时间以一年为限。

陈布雷说，财政方面每月国拨4.5万元，可靠无误。时间是否可以不提。大学的教育方面党部不能没有人。竺可桢说，时间不可不提，免得日后想离职，没得说词。至于训育方面的人等，必须信守校规，受校长约束。陈先生点头同意。

对于竺可桢征得当局同意，出任浙大校长的"约法三章"，从深层次看来，虽然双方还多有考虑，但据此三条，在以后的诸多事物中，竺可桢得以主动有据。特别是在人事方面"有全权"，不受政党干涉，使他能够排除干扰，图谋浙大的发展。

大学天地广阔，像个科学文化发达的小社会。学生思想敏锐，容易接受新事物。因此，竺可桢出任浙大校长，不仅是他一生事业上的重大转折，也是他一生思想上引起变化的契机。在以后的故事里，读者会看到的。

竺校长的风范

　　1936年4月7日，南京政府行政院任命竺可桢为浙江大学校长。因仍兼任气象研究所所长，将所里事物安排妥当后，于4月21日，偕同诸葛琪从南京到杭州。在车站受到浙大教务长郑晓沧和陈建功、苏步青等教授的欢迎。次日竺可桢赴寓所拜会郭任远。此后两天，他又到家中拜访了几位知名教授和老友，25日上午正式办理了交接手续。接着，在郑晓沧陪同下，巡视了全校环境。他发现浙大校舍相当简陋。物理室、图书馆都是行将倒塌的旧房，图书总计也不过五万册。化学室则是租用的民房，只有农学院楼房是新建的。可见浙大在各大学中，校舍是最差的了。下午三点邀请全校教师开茶话会，听取各位意见。四点召集全体学生开会，竺可桢发表了近一个小时的"就职演说"，讲了他的办学方针。学生们对他的讲话是怎么个想法，他想到学生中进一步了解一下。

趁学生晚餐时，竺可桢偕秘书诸葛琪来到学生食堂。学生们将竺校长围在餐桌旁聊起来。

"校长讲得太好了。我们吸收世界文化的精华，是凭借本国文化的基础，我们中华民族不比别人差！我们要有这个信心。就是我们浙江，也出过不少先贤，他们都是报国的模范。当前日寇侵略步步紧逼，我们要团结起来，予以抵制！"

"设立公费生好。这样使家境贫寒成绩优秀的学生，有了上大学深造的机会，国家不致损失人才。也是保障社会公平、机会均等的措施。"

"校长讲办好大学，首要的是有大批好教授，希望校长不仅把离校的教授请回来，还设法请更多的名教授来教我们。"

竺可桢看到学生们是领会他讲话的精神的。但他也细心观察，还有部分学生交头接耳，有想说而未说的话，甚或有低声埋怨的话语。其中就有对军训的意见。竺校长心中有数。他想，对考虑成熟的措施，不必喧嚷，岂不更具果断！所以他对学生们说：

"咱们今天还都是口头讲，但见有的同学好像没有说完，以后还可以找我谈。更重要的是要观其行，对校长、学生都不例外！"这种谦虚朴实、平易近人的学者风度，为其学校浙大创造了良好开端，在同学中起到明显的凝聚作用。

从学生食堂出来已是晚7点。诸葛琪说，我可饿坏了，再没劲去饭店吃饭了，到我家吃点吧！竺可桢说，又去讨扰，太不好意思了，明天开始，中、晚在食堂包伙。说着二人来到诸葛住所，诸葛琪的夫人，原在浙大工作，就住校内。竺可桢带诸葛来校，一是他在气象所就兼任秘书，工作得力，来浙大仍任秘书；二是解决两地分居。此时，诸葛夫人已将饭菜做好了，还等他俩回来进餐呢！

第二天，竺可桢在他主持召开的第一次校长会议上，便宣布废止军事管理。其实，竺可桢在来浙大上任前，已经向教育部询问过办学方针。他问道：

"办学方针是采取英、美式的学术自由，还是效法德、意法西斯的独裁？"

教育部长王世杰对此没有明确答复。

这就意味着，教育部并没有要求他，一定要执行"一切军事化"的方针。他便决心按自己的主张采取行动。宣布撤销郭任远设的军事管理处和一年级主任室。建立训育委员会，下设军训部和训育部，对学生的处理，须经训育委员去集体讨论通过。防止军训教官和训育员个人专断，任意处分学生。

竺可桢对即将出任训育主任的蒋百谦说：

"学校军事化，既不符合我国'四海之内皆兄弟'的左训，也违背英美大学重个人自由的精神，郭任远在浙大失败的重要原因之一，是对学生实行军事管理，让军事教官任其所为，学生先是敢怒不敢言，一旦暴发，就不可收拾！"

学生们对校长的这些措施，拍手叫好，称赞竺校长雷厉风行有魄力。也使原有的某些教官或训育人员难堪。听说竺校长手中握有蒋先生首肯的三条，也不敢明言反对，只能走着瞧，寻机报复。

竺校长所采取的有力措施，使学校出现民主管理的良好气氛。学生们的爱国进步活动又逐渐开展起来。

1936年6月5日早晨，军训教官黄某报告，说学生代表昨晚开会，决定参加全国学联救国会，还要恢复杭州市学联，并商定今天8点开全体大会。并希望竺校长重视上述几个"反动组织。"

在竺可桢看来，学生擅自停课开会是不能容许的。立即会同郑晓沧等找学生会主席梁同学谈话，指出其任意停课不妥。话未说完，集合的钟声响了。竺可桢等立即赶到集合地点，劝导学生回教室上课。学生们陆续散去了。黄又向竺校长报告，杭州警方要逮捕梁同学。次日一早，竺可桢就找梁谈话。告诉他活动已引起军警的注意，随时有被捕的危险，梁提出离校避风，竺可桢同意，由学校作停学一年处理了事。一波未平，一波又起。1937年6月19日，毕业考试结束，竺校长还在主持毕业生招待会。省当局的几个特务，以会客为名将侯焕昭诱至校门外逮捕。侯是土木系四年级学生，曾参加全国学职筹备会议，引起当局注意。这次特务还从其与陈怀白来往信件中，发现有"批评政府"的言论，又要求找陈"谈话"。竺可桢看了这些信件，认为也没有"大逆不道的言论"，拒绝他们的要求。并于24日，派训育处的人将侯保释回校。他爱护每个学生，关心他们的学业。

也是在这次校务会议上，竺可桢提出：大学一年级学生，应该打好宽厚结实的基础，不宜过早分专业上课。应由有学问、有经验的教师，教好一年级基础课。并成立了公共课程分配委员会，负责策划实施。

聘请好教授的工作，竺可桢在正式到任前，已开始进行。他登门约请他的老朋友、物理学家，原交大教授胡刚复一同来校，任文理学院院长。胡教授正直干练，在以后多年共事中，他二人虽有时也激烈争论，但始终友好合作。请郑晓沧继续担任教务长。竺可桢在用人方面，坚持选贤任能，秉公办事。如农学院长一职，原由他的毕业学生担任，以后又决定由无渊源关系的人担任。请原东南大学梅光迪教授担任外语系主任，还请来束星北等教授。到1936年9月开学时，新聘教授、讲师达30多人，大大加强了教师阵容。

竺可桢在其就职演说里还讲到，办好大学，还要有足够的图书、仪器和相当水平的校舍。为此竺校长多次找教育部交涉，向行政院呼吁，甚至直接向蒋介石反映，但所得到的大都是空头支票。倒是校址扩大事得到初步解决。

1936年10月16日，蒋介石到浙大来视察，竺可桢陪蒋巡视校园，寻机反映校舍过于狭小、破旧，要达到国内高水平大学，不扩大建设是不行的。面对事实，蒋也承认应该增建。接着竺校长进一步谈到，请军械局迁走，扩大校园的设想。蒋介石当时就同意了。不久，行政院果然通过决议，将军械局地划归浙大。浙大师生和附近居民闻讯，都非常高兴。浙大不仅增加13.33多公顷地盘，而且从此不再受火药爆炸的威胁，将会安全多了。

从1936年4月竺可桢接任浙大校长，至1937年6月，这一年多时间，浙大教学步入正轨，教学质量有所提高，使浙大声誉日增，报考人数显著增长。竺可桢处事公正，不谋私利，处处以身作则。他只身来校，住在校内，在学生食堂包伙，与师生同桌进餐，体察下情。对待矛盾冲突，总是心平气和，以理服人。他这种诚恳的态度、言行一致的作风，获得师生的爱戴和信任。

在这段时间里，他身兼气象所长的工作，经常奔波于南京、杭州。到1937年春天，他就提请有关方面，一年期已到，请赶快找人来接任，他好回气象所。但回答是，一再请他继续担任下去。到1937年7月，抗日战争暴发，浙大处于危难之中，竺可桢深感力保浙大的存在与发展，是他义不容辞的责任，决心与师生一起，同舟共济，度过抗战的艰苦岁月。

西迁建德及流亡

　　1937年7月7日，日寇在北平西南的卢沟桥，蓄意向中国军队发起进攻，遭到中国驻军的坚决抵抗，激起全国人民抗日的怒潮。南京政府，于7月中旬在庐山召开谈话会，作为社会名流竺可桢参加会议，蒋介石发表谈话，说对日不再退让，如敌人继续侵略，即予抵抗。会后竺可桢回到杭州。这时，日寇不仅继续向华北纵深进攻，还于8月13日，大举进攻上海。中国军队奋起抗击。抗日战争从北到南全面暴发了。

　　竺可桢于8月20日去南京，把家属接到杭州。一路遇见过往的军事列车很多，见乘坐闷罐的年轻战士，各个面带笑容，士气高昂。他曾听到新近从日本回国的顾君说，日本强行征兵，亲属送青年到兵站时，无不垂头丧气的。

两相对比，我军必操胜券。

竺可桢认为，抗日战争是神圣的事业，中国人都应全力以赴。只有抗战胜利了，国家民族才有希望，个人才有出路。为此，他和夫人张侠魂，积极支持学生会发起的给前方将士捐献棉背心的活动，竺校长还特意从学校拨出两间房做缝制室。还带头捐献制作费。后来，这对夫妇还为抗战捐献出结婚戒指。竺可桢当时认为，用不了很久，就会打败日本侵略者，日寇对上海的进犯是很快会被击退的。

然而，日寇的飞机三天两头来轰炸，弄得人心惶惶不安，不少人想离开杭州，以躲避空袭。竺可桢想把浙大暂时迁到一个较为僻静的地方，避免空袭，也有个安全的教学环境。经过实地考察，竺可桢决定，将附设高工、高农暂时迁往萧山的湘湖，那里有农场的家底；一年级暂迁天目山的禅源泉寺。校部及其余年级，视战局发展待定。

天目山位于浙江西北部，距杭州不过60千米。山中丛林茂密，柳杉参天，清泉流水，绿竹遍地。禅源泉寺就掩映在深山翠绿之中。远离城市，环境幽静，是个学习的好地方。论自然环境，堪比欧美的名牌大学，还绮丽美妙。9月27日，一年级新生在禅源泉寺开学，竺可桢决定在这里试行导师制。所谓导师制，就是有一批老师，除担任授课外，还负责指导学生的思想品格。导师一般由教授、副教授担任。每个导师带学生五六人至十数人不等。导师和学生经常接触，包括个别辅导、集体座谈，共餐和出外郊游等，增进相互了解。使学生有较多机会体验导师的为人及做学问的态度和方法，潜移默化地受到多方面的深刻教育。导师制从天目山的一年级试行，取得很好的效果，以后扩大到全校。

这时在上海激烈战斗仍在进行，敌我双方都在调兵遣将，扩大战果，都看不到战争胜利的边际。日机的空袭更加频繁。经过反复考虑，竺可桢最后决定，将校部和二、三、四年级学生，暂时迁往建德。

建德位于钱塘江上游，浙江省中西部腹地，距杭州约110千米，北倚天目山，西出赣、皖，很是方便。建德城内，东西及南北大厅，均有粮行和木材等店铺，居民约2500多户。浙大师生从11月11日至13日，分三批离开杭州。为避免空袭，于夜间乘船逆钱唐江西行。由大轮拖民船赴桐庐，每次可乘180人，晚12点开船，次日晨8点到桐庐。再换乘小轮，当天下午，即可到建德。每次运价100元左右。二年级学生于12日下午5点顺利到达建德，住城东万源当铺。三年级学生，12号登船起程较晚，14日凌晨才到建德。四年级13日夜开船后，14日中午到桐庐后；因载行李等过重，又遇雾大不能行船，以及水流地段要换船，就耽误了时间，所以15日下午才到建德。与三年级同住何宅房舍。

当师生员工及家属都已起程，竺可桢又将留守学校等事宜安排好后，才于11月14日上午9点，乘学校最后一班汽车，离别杭州，10点过富阳，11点到相庐，由船流江也很顺利。12点半即到建德。进城先看望了几位教授家属住所，后又看望了二三年级学生，表扬了同学们一路团结互助，克服困难的精神。并嘱大家注意安全防火。像二年级住的万源当铺，房子为木质结构，路又窄，一旦失火，不堪设想。警告大家：切莫才避开空袭，又陷入火海。

午后，竺校长去县公署拜会县长，适遇县商会胡会长，一谈才知道是绍兴同乡。胡在此经营粮食业多年了，熟识粮情。说浙大师生千人所需要的粮食，在这里绝对不成问题，包在他身上。竺可桢很高兴，解决了来建德后的第一个大问题。

11月15日，浙大师生全部到建德，19日即复课。这里成了浙大长途西迁的第一站。

后来，随着日寇的侵略魔掌不断地伸向中国腹地，浙江大学的师生们一次又一次地搬迁，从杭州出发，曾先后迁至建德、泰和、宜山和遵义等地，使浙大变成一所"流亡大学"。

在每次搬迁中，竺可桢都为安排师生的生活、选择校址和安置图书仪器而劳心神，甚至连他的爱子和贤妻，也在颠沛流离中身染重病，先后死去了。

在竺校长的卓绝领导下，经全校师生员工的努力，在抗日战争的艰苦年代，终于使祖国东南这所历史悠久的名牌大学坚持办下去了……

心系气象所

　　1940年2月，竺可桢领导浙大由宜山迁到遵义，教学工作步入正轨，其他多项工作也安排就绪后，竺可桢去重庆。除了为浙大筹措经费，料理研究院方面的公务，再就是他兼职的气象研究所的事务，他是几次想去而不得抽身，实在该去加以关照了。

　　3月29日午后两点，竺可桢由遵义驻地江公祠出发，乘浙大汽车去重庆。路上他每到一处，都查看路牌和里程，如娄山关为206千米（由贵阳起始计算），里程1240米，并记下物候特征，有雪厚3厘米。路泥泞。经过桐梓后，见有初开的桃花。入川后，桃红柳绿，漫山遍野的油菜、蚕豆、麦子，长势茂盛，有如江浙初春的景象。回想起1937年8月，日寇大举进攻上海的第二天，回南京处理气象所事务。自己只身一人，由杭州乘汽车经嘉兴到达苏州。这时铁路往返的尽是军车、货车，哪里还有客运！第二天，才挤上一列开往南京的货车，席地坐了一整夜，没得睡觉。下雨时，只有用雨衣遮住窗口，下车回家，疲劳极了，但在家仅休息了一个小时，就去气象所了。当时日寇飞机已开始频繁轰炸南京，北极阁是军事禁区，成为日寇空袭的重要目标之一。一次轰炸中央大学，炸弹落在附近，所里的窗户玻璃都被震碎了。电线被炸毁，夜晚一片漆黑。看形势，北极阁是不可久留，所务会翊，除有少数人在东南大学继续观测外，大部分人移居城西重陵女子大学。以后气象所又西迁武汉，现在又已迁到重庆北碚。情况怎样呢？这回是要好好料理一下的。

傍晚，车到重庆对岸的海棠溪，乘轮渡过江，到重庆就住在了中央研究院。

第二天，竺可桢到北碚气象研究所。一路上，看到重庆郊区，一片盛开的白色萝卜花、紫色蚕豆花、黄色油菜花，真是春色满园，遍地花香。他来到气象所，听不少人讲，竺老师多来所看看就好了。他心里明白，这是说自己来所太少了。对所关心不够呀！从气象所由南京北极阁迁出后。这两三年间，自己整天忙于浙大搬迁，自己挂个气象所长名儿，多半是以函电与代理所长联系，有两次办理浙大事务，路过重庆，仅是到所看看，指点几句就走了。这次来所，看到所中观测业务，有些还开展的不够；图书虽已开箱，但参阅的人不多。科研成果寥寥无几。使他很为痛心。决心到教育部辞去一头，不再兼职。这天晚上，他就住在气象所。晚上还与所里人员一起座谈，商讨拟定科研题目，查找有关资料。

次日下午，他到教育部，会晤陈立夫部长。除了请部里解决浙大搬迁追加费用外，就是请求辞去浙大校长，回气象所。陈说：

"遵义与重庆距离几百千米，两下照管是不方便。可以与中央大学校长对调，任中央大学校长。"

竺可桢连忙说：

"我是想辞去校长职务，而不是想挨个地方当校长。若非叫当校长不可，宁愿在遵义山沟里，当浙大校长，也不来重庆！"

陈于是说：

"那只好劳你再兼顾些时间，待我找到适当人选，再议了。"

这次，竺可桢仅为浙大和气象所争取到些追加的费用，想辞去一头的愿望又落空了。他还利用这次在重庆的机会，与陈汲完婚，喜结良缘，从此得一结伴终生的贤内助。

4月18日，竺可桢回到遵义。听说学生自治会出壁报，攻击导师和训育处。他就召集有关人员商议处理办法，主要加强引导教育。对于个别认错态度差的，以记过警告处分。

此后，到1941年，随着物价上涨，生活更加困难，在湄潭的教职员中，也有上街经商的，在学生中影响很不好。竺可桢只得找人去加以劝阻。同时又有人传说，浙大教授课多，反比西南联大报酬低。甚至有耿直的教授，向他埋怨说，校长对上面太老实了，缺乏政治手腕。虽然竺可桢一向认为，只有诚实，才是最经得起考验的。但对此他也不能不想，该请个手腕高明的来当校长了。特别是气象所代理所长奉调中央气象局任局长时，他再次向教育部要求回所。陈部长说：

"为便于兼职照顾，可以考虑将气象所迁往遵义。"

竺可桢说：

"气象所因日寇侵略，才迁来重庆，在北碚才安顿好。哪能因迁就我而又迁遵义呢？万万不可。"

陈说：

"那就只好请你举荐个代理所长了。"

竺可桢推荐赵九章，赵是清华大学教授。陈部长同意赵出任气象所代理所长。

1941年7月5日上午，又发生二三年级学生，阻滞四年级学生的"总考"事件。所谓总考，是因这次四年级的考试，不仅考本学期的课程，还要考所学该考而未考的科目。不参加者，不能获得学位。开始，学生对后者有意见，经过解释才同意了。现在二三年级学生又出来干预，竺可桢马上赶到有关的受阻教室。学生见竺可桢校长来，遂让出教室门。竺校长叫四年级学生进行教育考试，令二三年级学生，回去学习。事后，又进行了解释处理。

次日，又发生遵义师范学生捆打浙大的挑水工友事件。本来遵师学生与暂住遵师的浙大学生就有矛盾。这次浙大工友阻滞遵师学生来取用其挑来的水，引起争执而遭打。招致浙大学生一百多人群起将遵师的教学楼包围，要求打人凶手出来认罪。竺可桢闻讯，会晤遵师校长，要求各自教育学生，和平相处，不可以动武相伤。学生也各自散去。

层出不穷的麻烦事件，又着实让竺可桢对浙大放不开手。此后，就再也未提辞去校长的事。他又看到赵九章继任后，精心治理，气象所工作颇有起色。对此他感到欣慰。于是决定，请求辞去兼任的所长职务。辞了几次，最后，在1946年底，才解脱了气象所长的兼职。作为在假的研究员继续留在所内。但是，竺可桢心系中国的气象事业是无假的。

竺可桢与弗巩

　　1945年5月27日，在遵义浙大学生会，发起举行首次弗巩先生纪念会。竺可桢校长自始至终参加了这次隆重的集会。并且讲述了营救弗巩的经过和个人感受。

　　3月间，竺可桢去重庆办事。14日，有一位在党部工作的毕业学生告诉他说，弗巩失踪了。并说是由复旦大学来人讲的。邵全声知道事发始末。遂找邵全声来谈。邵说，4日，弗先生来重庆，邵接他同住在邵的同乡，一个副官的家里。第二天早晨，邵陪同弗先生到千厮门码头，乘船到北碚的复旦大学去讲学。邵到贮运室取行李，回来就找不到弗先生了。打电话至复旦，知其已来到浙大。船在岸边架桥下，水深也不过一米，即使落水，也不致淹死人。唯一可能的解释，是被秘密绑架了。

弗巩出身名门。早年留学英国。1940年受聘来浙大任政治经济学教授。不久，浙大训导长姜某，因壁报事与学生会发生冲突，姜坚持严惩学生，否则就要辞职，扬言告到中央党部去。竺可桢认为，这是他以党部吓人，小题大做。竺可桢一贯主张思想自由，只要不违法，不犯校规，就不应当去干涉他们。只有这样思想才能活跃，在学业上才能有所发展。姜的做法，只能适得其反。经过一再耐心劝说，姜仍坚持己见。竺可桢只好接受姜的辞呈。又经过认真考虑，决定邀请弗巩出任训导长。

　　弗巩主张民主办校，思想自由，与竺可桢的思想是相通的。经过竺校长的坦诚相约，8月12日，弗巩同意担任半年训导长，条件是他不参加国民党，也不领取训导长的兼薪。竺可桢想到他自己在同意出任浙大校长时，曾提出三项条件，其中重要的一条，就是"用人校长有全权，不受政党之干涉"。真是智者所见略同，欣然同意弗提出的条件。在竺校长主持的师生大会上，弗巩发表即席讲话说，我任训导长，绝不是来做警察局局长或侦探长的，是以教授的、导师的资格出任的，不过是导师的职务扩充而已。我愿做你们的顾问、保姆，以为全体同学谋幸福为己任。这些兼薪钱拿出来，用在学生饮食的改善上，竺校长已经答应了。竺校长微笑着点头。弗巩接着说，训导处从今天起，改走前门，不走后门。大门敞开，你们有事，尽管进来说话。我还要常到宿舍去，但不是去侦查的，是去走访的。弗巩的一席话，受到同学们热烈欢迎。

事实上，以后弗巩做了许多使学生难以忘怀的事情。当时遵义市供电还很不普遍。他自己出钱，为遵义每个学生，发一个植物油灯，取代点灯草的油盏碟，改善了晚间的照明，保护了同学的眼睛。他自己还出钱，购置了一批凳子，使餐厅可以坐着吃饭。正式开辟《生活壁报》栏，让大家在这个园地里畅所欲言。他的这些作为，使浙大呈现出一片空前融洽和谐的气氛。

可是，弗巩刚正不阿，爱护学生，提倡民主的言行，却被国民党、三青团搜集加工，以各种渠道密报重庆当局，成了罪状。后来，在当局不断干预下，竺可桢被迫于1941年1月，同意弗巩辞职。改以有国民党员身份，且对学生宽容的教授，继任训导长职务。

竺可桢深知，弗巩是个襟怀坦敞、疾恶如仇的正人君子。时常抨击时政的腐败，救助被当局迫害的进步学生，深受师生爱戴。却引起特务机关的记恨。加之，弗巩在2月22日《新华日报》发表的《文化界对时局进言》一文上签了名。要求国民党停止一党专政，实行多党的联合执政。此后，听说已有好几位签名者，被迫公开取消签名。如是特务机关抓去弗巩，强迫他发表这种声明，是极为可能的。但以弗巩的刚强性格，势必发生激烈对抗，从而遭受迫害。事情之险恶紧要也在这里，必须赶快进行营救。

竺可桢在找来邵全声详细询问了出事经过后，即联合复旦大学校长章友三，弗巩胞兄弗福焘，共同努力，四处打听弗巩的下落。他去找侍从室的陈布雷，教育部的朱家骅、行政院的高文伯（弗留美的同学），以及其他许多人，托他们打听弗巩的下落。他还和复旦大学校长联名，一再找重庆警备司令王独身鑽绪，要求明令彻查弗巩失踪案。他还带头以浙大教授联名方式，打报告给教育部和蒋介石，要求保护人权，主持正义。但是军统、中统都说，没有抓弗巩。尽管如此，但谁心里都清楚是谁干的。

在对弗巩一再查找，不得下落的情况下，有人想采用对当局施加压力的办法。复旦大学拟好稿子，准备在重庆报刊上，刊登寻人启事。复旦大学校长章友三找竺可桢商量，竺可桢认为，特务活动本来是见不得天日的。他们抓了弗巩一个，却放了邵全声，明明是让邵回去报信的。让你四处打听，以弗巩失踪，吓唬那些对当局不满的人。当你问到头上，他们又说是"没抓人"。往好处想是留有回旋的余地。一旦在报上公开宣传开来，他们可能恼羞成怒，反而不利于事情的解决。为了被绑架人的安全，还是悄悄地私下找人说情为好。章友三觉得他说得有理，就打电话给报社，不刊登启事了。浙大在重庆的毕业生联合起来，也曾打算，在重庆市散发传单，呼吁查找，也被竺可桢劝阻了。

一个月过去了，一直没有找到弗巩的下落，知道弗巩失踪的人愈来愈多。大公报首先刊发了这则消息。4月30

日，新华日报报导此事。5月26日，延安解放日报刊发此事专文。弗巩先生纪念会，就是在这种情况下举行的。在会上，竺校长讲话后，还有许多师生发言，表示对弗巩的怀念，以及对当局特务统治的愤慨。

竺可桢未能救出弗恐。此后不久，邵全声又被军统抓去了。竺可桢得知后，马上又忙着营救邵全声。他充分意识到事情的严重性。这分明是当局想逃避罪责，杀人灭口的举动。军统的人说，"邵全声未及时报案，是心中有鬼。"对邵酷刑逼供，要他承认是在船上"推弗巩落水淹死的"。并很快被军统当面宣告邵死刑。

竺可桢带领一个由浙大法律系教授组成的强有力的辩护班子，据理力争。

首先指出，邵全声的立案前提不确。也就是说，弗巩先生的死活无据确知。说是淹死了，并没找到死者的尸体。况且，弗先生游泳、跳水技术都很好，在浙大是出了名的。千厮门码头那里，汛期前那么浅的水，就是汛期的深水，也不致淹死弗先生的。这在邵全声也是清楚的，犹如驱龙入水、放虎归山。在立案依据不确凿的情况下，岂能处以极刑！

军统机关本来企图以抓邵判决，了却弗巩绑架案。不料弄巧成拙，遇到竺可桢这么个"求是"不懈依法办事的斗士。继续争辩下去，于己不利，遂同意将邵案转到普通法院。

　　竺可桢又找到邵全声与弗巩3月4日晚同住的房子的主人。证实，"次日早晨，邵陪弗走后，9点多钟，邵带着弗先生的行李回来了。我感到奇怪。邵说，弗先生不见了，全程我都未找到。打电话给复旦，那里说也未到。要不去报案？还是我说，先别喧嚷，兴许是当局抓错了人，弄清了就会放回来的，弗先生也没有犯法，不致怎样的。以后邵住了几天，每天看报，不见弗的消息，他也闷的着急，就搬去复旦同学那里住了，说那里兴许消息多一些。"

　　这个旁证又说明，邵全声知情晚报的原因。这就又除却了作为疑案的根据。向法院申辩，终于得到法院判宣，所疑无据，认定无罪。又经过不懈努力，竺可桢终于将邵全声保释出狱。但这已是1947年的秋天了。

　　这时候，弗巩的下落依然是个谜。在以后的岁月里，竺可桢还时常惦念他。虽然他自己也知道，弗巩也可能不在人世了。这早在他听到说邵全声被军统判以死刑时，就感叹过，决心再不允许搭一个陪葬了。但善良的人，心中总还留有一线希望，期望哪一天会出现奇迹。直到新中国成立以后，还没有弗巩的任何消息。1950年，身为中国科学院副院长的竺可桢，上书周恩来总理，建议在提审有关犯人时，查清此案真相。又报请批准优抚弗巩家属。十年动乱后，才查清楚，弗巩确系1945年在重庆遭军统绑架，迫害致死。被追认为革命烈士。

1980年11月，浙江大学再次举行弗巩烈士纪念会，全校师生深切怀念这位为人垂范的良师益友，也深切怀念弗巩烈士的挚友、敬重的竺校长。两位先师的学生依然健在的邵全声讲了对弗巩的敬佩之情。还特别讲到，在他被关进牢狱的两年中，竺校长每隔一段时间，都写信给他的父亲，告诉他营救工作的进展情况。直到他出狱，前后共写信十多封。这些书信给邵的父亲以希望，更令邵全声感动。他当时已是离校两年的学生，父亲与竺校长也素无来往。竺校长为他尽力营救，真叫他终生难忘。他说他最后得以重见天日，全靠竺校长的恩德。激动得声泪俱下，全场为之感动不已。

　　从竺可桢与弗巩和邵全声的交往中，更可见他的高尚人格。

踏破脚板

1942年1月16日，浙江大学学生，在遵义举行"倒孔"游行，素来淡漠政治、稳健持重的竺可桢校长，走在游行队伍的前面，轰动全城，反响很大。

"倒孔"，就是打倒当时的行政院长孔祥熙。抗日战争开始以来，以其为代表的党政官僚，乘国难当头，却营私舞弊，中饱私囊，引起广大人民的强烈不满。

1月初，重庆大公报透露，香港被日寇攻陷前夕，孔夫人逃离驻地，用专机运载大批箱笼，乃至洋狗到重庆，而许多在港著名爱国人士，却因没得交通工具，而不能迅速脱险。消息传出后，首先昆明西南联大学生，于1月6日举行了倒孔游行。1月16日深夜，诸葛琪等把竺可桢从睡梦中叫起来。告诉他说："刚才学生会开会，讨论是否游行，情绪空前激昂，没有定夺，早晨起来还要开会。"

由于西南联大游行后，教育部已来电，要求竺校长阻止这种游行。他请诸葛琪等通知训导长和各院院长，早晨到校长办公室来，商定处理办法。

次日早晨，山城遵义，晨雾弥漫。天气阴凉，竺可桢等来不及充分商量，即赶往学生集合的地方。沿途街上，已布满军警，看来警方已得到消息，早有准备。从七点半到九点半，竺可桢等苦口婆心，劝告学生，不要上街游行。但是，同学们慷慨陈词，积怨是一发难平，最后决定还是游行。上午十点，游行队伍出了校门，走上街头。

身为一校之长，竺可桢深知事态的严重。因为名曰"倒孔"，实际反的是国民党政府。政府既已明令禁止，则军警的镇压。现在他能力争做到的，是防止出现流血冲突。为此，他派人到专员公署，请对学生游行谅解，并派人维持秩序，免生事端；他则走访警备司令，请他千万不要让军警干涉。他还仍是放心不下。就又赶上学生队伍，并走在前头。他这样想，既然不能阻止学生游行，不管别人什么看法，他必须亲临现场，维护游行学生的安全。如果军警阻止，可以设法防止事态的恶化。要对学生负责，所以要走在游行队伍的前面。同时学生会的负责人，也关心他们的校长。游行时，也一直伴随着他，维护他的安全。学生游行秩序很好，得到两旁围观市民的同情和支持。军警也未正面干涉，只是将学生贴出的标语，随后撕去。遵义城不大，游行一圈回到驻地才中午，就结束了。这天，竺可桢虽感到有些劳累，但这场风波总算安全度过了。

在竺可桢看来，1·16的和平游行，在发达的资本主义国家是常有的事情。人们群起走上街头，喊喊口号，唱起歌，进行示威，发泄对政府的不满。但在当时的中国却视为大忌。尤其是发生在国民党标榜的治理模范省贵州，就惊动了重庆最高当局。蒋介石电告遵义警备司令，密切监察浙大师生的活动。这使怀有各种企图的警特党棍，乘机施展"才干"，开始对浙大师生进行肆无忌惮的迫害活动。其中最为恶毒的，要数湄潭县党部叶道明书记长了。

1月21日深夜，叶道明带领军警，以查户口为名，搜查在南门外的浙大助教潘学苏、学生滕维藻的住室。灯未点亮，这伙人即蜂拥而入，翻箱倒柜乱找，在混乱搜查中，有人从箱中取出四个信封，叶道明如获至宝了，当即拆看。说是寄往永兴的反动标语。即将潘、滕二人拘捕。

竺可桢听到消息后，当即驱车赶往湄潭调查。请潘、滕两位叙述事发详细经过。最后二人咬定，信封、标语，绝对不是他二人的。而是混乱中，有人先置入，而后又有人取出的。竺可桢相信他俩的话，但还缺乏证据说明。只得听凭专署拘留潘、滕。竺可桢当面要求专员保证不对二人行刑逼供。经学校以充分时间，搜集证据，以作辩护。

首先引起竺可桢怀疑的是，查户口，何以党部书记长领头呢？而这个叶道明，在湄潭是出了名的，什么坏事都干得出来的卑鄙小人。早在两年前，他初次来湄潭勘察驻地时，就领教过了。那时，浙大的人初到永兴，为商借房舍，曾经涉及永兴区党部的房子。叶道明表面说，同意迁让，暗地里却煽动地方人士反对，竟以永兴各界民众代表及全区党员名义，写了份紧急电讯，造谣说："浙大负责人胡刚复，唆使学生，强占永兴区党部房屋，并把总理、总裁像及国旗、党旗，撕毁弃地，"到处散发。要求什么"依法严惩"等。就竺可桢的切身体会，他带领浙大师生，从东向西搬迁，移地几处，无不受到当地民众和当政者欢迎的，就是到湄潭，县府官员也是真诚欢迎的。唯独这个叶道明，这样怕浙大的到来。难道是怕浙大来这么多有见识的人，接触更多的人，了解到些见不得人的事？

竺可桢听湄潭县医院一位医生，讲了叶道明干的不少坏事。去年暑期，叶道明以共产党嫌疑，率军警围捕陈光型。陈三十岁左右，家有老母及妻女，上海体专毕业，曾在厦大、遵义豫章任童子军教官。陈跳墙企图逃越，被围兵枪击中股骨倒地，叶道明赶到又打两枪，命抬到县政府被拒收，后抬到县党部。起初三天，还曾允许陈妻前往护理照看。第四天，说是已送往遵义，几天后，钓鱼的人在湄江中用鱼钩钩着人腿，捞上来，认出是陈的尸体。真是悲惨极了，陈家老小哭成一团。何处诉冤！事发后，叶道明以追查送押的人为借口，说是去遵义途中，在江边歇息时，陈跳江妄图逃走，以致淹死的。只有看管不严，隐情晚报之责。明眼人一看便知，一个已身中三弹、动弹不得的伤号，是怎样会自行跳江呢？

竺可桢清楚，现在叶道明是恶人先告状，妄图堵住浙大师生的嘴，这是绝对办不到的，一定要查个水落石出。凭据就是他送上门来的信封。

"信封到底是从哪里来的？"竺可桢亲自带领浙大几位法律系专家进行调查，谁与叶道明或县党部有过信函来往。永兴分部训导主任，体育教授高尚志，拿出来叶道明给他的信。核对信封，发现这个信封与"搜出来的装反动标语的信封"，大小、式样、颜色等都完全一样。而且信封右边，都有同样的渗水干后留有的痕迹。不同的是高教授给的信封上，有叶道明的亲笔书名。这就证实了，"搜出来的反动标语"，其实是叶道明的栽赃陷害。

1942年的冬天，黔北遵义一带，湿冷异常，加之住房、办公室取暖设备都很差，煤炉经常是整天不烧，使年过50的竺可桢脚底右侧生了冻疮。由于几天来东奔西跑，调查核对，不得休息，脚板上的冻疮开裂了。他也顾不上找医生上药，于2月20日早晨，就跛着脚满怀信心地去向专员说明情况。恰遇教育部来调查案情的人也在场。大家听后，又仔细核对了信封，认为纯属诬陷。专员私下悄声对竺可桢说：

"这事我找叶道明说一下，叫他以后别干这种弄巧成拙的蠢事。你这边，在审讯时，潘、滕二人只说自己无罪，信封装反动标语不是自己所为。不要牵扯叶道明诬陷，这样案子易于了结。否则怕引起党部方面干预，事情复杂起来难办。你这里证据在手，我想叶道明会掂量一下，不会纠缠不完。"

竺可桢同意了委曲求全，因为争取放人是头等的大事。随后，他去桃源泉山看守所，探望了潘、滕两人，把上述意见讲了。两从也同意照办。他觉得还是多找些人关照保险，就又给省主席写了一封信。详细说明案情，并请关照。为避免中途被查扣，请农学院长亲自送到。省主席看信后，也认为反动标语事是不存在的，并保证两人不会有大事。以后由于党部坚持，两人又被押到重庆去了。

当时，在重庆政界，也有不少关于竺可桢参加浙大学生游行，走在队伍前面的传闻。其中大都是不明真相的，但也有势利小人，乘机对他进行造谣诽谤的。致使竺可桢的友人，感到压抑和不安。气象局长吕炯写信，请他赴重庆北温泉疗养暂避。竺可桢却很坦然，哪里也不去。他想到，不久前，哈佛大学校庆后，哈佛大学校长和哈佛校友会来信中都希望他把浙大办成东方的哈佛而不懈努力。当前他这些努力，不求浙大成为民主堡垒的硬气名声，而且总觉得，堡垒的围墙厚壁，有碍自由，但求得一席民主的园地，总还合乎哈佛的办学精神吧！

他为教育部写报告，说明1·16游行经过，最后以未能阻止此事发生，而引咎辞职。教育部来人调查后，对他的做法无异意，不同意他辞职。他依然我行我素，照自己的想法，坚持做下去。

那天竺可桢到遵义探望潘、滕，回到遵义驻地，已经夜里10点多钟了。又听说史地系四年级学生王蕙、国文系四年级学生何友谅在住所，被警备司令部抓走了。真是祸不单行。他即刻赶到警备司令部去交涉，被告知，是按贵阳军统指示办的，已押往贵阳。竺可桢未能见到他的学生，踏着沉重的脚步，一跛一跛地走出来，心想只得以后尽力营救了。

竺可桢回到家中，脱下鞋来一看，流出来的血，已染红鞋底。夫人赶紧请校医来包扎。医生见到这般伤势，不无感慨地说："为救护学生，不惜踏破脚板，当今世界，哪里还有这样的好校长呢！"

这年3月，竺校长去重庆办理公务。并为潘、滕二人的事，专门去找中统局长徐恩增，徐说："发传单的事缺乏证据，思想方面问题也不大。人是可以放的。只是嘛，须保全点地方当局的面子，他俩最好不再回浙大去。"

竺可桢说："潘是助教，不回去好办，而滕是四年级的学生，应当让他回浙大，完成学业考试再走。"

徐也同意了。竺可桢在中统局的保单上签字，把潘、腾二人保出来，并与滕一起回到学校。1942年8月滕同学毕业，专程登门向竺校长道谢，此时，竺可桢感到无上欣慰。他望着滕同学离去的背影，看到他没有耽误学业，学成走了，奔向远大的前程。他再次尝到尽了师长神圣职责的甘甜。

　　竺可桢经过多方设法交涉，到5月初，才在贵阳的省党部见到王蕙和何友谅二人。由于探视室里有人监视，相互没讲多少话。竺可桢看到他二人身体还好，也稍稍放了点心。后来，他二人被转送到重庆，艺术系五云山的"战时青年训导团"。

　　5月29日，竺可桢自己一人前往探视。早晨6点半到北碚汽车站，他在小湾站下车，问站旁的人，得知"训导团"距站还有三四里地，向东沿一石板路走，过一石桥，即临五云山麓了。经岗哨查问，踏石阶路，步步登高上山。想到这石阶比南京北极阁的每阶高出30多厘米，每登上一步，脚板愈合不久的裂口都有阵痛。他全然不顾，顶着烈日暴晒，两颊汗流哪里擦的过来，不时滴落脚下。他总算到了山上，见到陈队长。开始陈还以为他是来看儿子的，待看过名片，问明来意，陈仍有些惊异。因为他从来没有接待过有名的大学校长，来探视学生的。遂将王蕙招来，给予优待，准谈半小时。王讲了被捕经过，起因在"反孔"游行。陈讲，王蕙不久即可放出，但望陈立夫能出一信。何友谅曾逃越一次，又被抓回来，看守尚紧，不准探视，竺可桢感到非常失望。

　　不久以后，竺可桢保王蕙出来。再想继续努力，营救何友谅时，却得知他被杀害了。不禁使人为之泪下，也使他认识到国民党党棍军统的狰狞面目。所以几次有人请他加入国民党时，**都被他托辞谢绝了**。

"黄金"风波

抗战胜利了，可是国民党反动派统治区人民的生活又怎样呢？

1948年2月10日，是阴历新年。除夕晚上，竺可桢一家人，按我国习俗祭祖，供品仅有糕点，面包几件，少得可怜。不免回想，自己小时候，在绍兴东关镇老家过年的盛况。腊月二十七八，早晨天不亮就起来，吃年糕、糖果、火腿肉，是孩子们最快乐的日子。如今身为大学校长，一家人过年是如此惨淡。八年抗战的艰苦岁月，没有难倒竺可桢。此刻，学校已回到"天堂"杭州，却困难重重，几乎办不下去。校务会议已很少考虑教学问题，而用大部分时间，来研究经费和师生员生的生活问题。但也找不到什么好办法。政府忙着打内战，也是困难重重。他清楚记得，1947年11月，为要求增加教职员工薪，到南京走访财政部长王云五。王对他说：

"5月间，国家为改善公教人员待遇，每月增加国库负担17000亿元，而国家每月印钞票的能力为20000亿元，现在唯一的办法，是印5万元面额的大钞票。"

元旦亲友相互拜年。在与哈佛校友会，浙大同学会的好友交谈时，一向不愿涉足政坛的竺可桢，也说道："以国家前途着想，目前最好的办法，是蒋先生通电下野。"

可是不管民怨怎样沸腾，3月"国大"还是照样开场，5月20日，蒋介石还是按计划登上总统宝座。他企图披上民选的外衣，获得更多美援，扭转被动的战局。

但事与愿违，战局的发展出人意料。1948年4月22日解放军收复延安，接连又攻克石家庄、洛阳等华北重镇。东北的国民党军队则退守在长春、沈阳和锦州等几个孤立城市。国民党在军事上的败局，使美国当局对支持国民党产生动摇，援助急剧减少。这就使国民党统治区的经济，如同危重病人断绝了输血一样，更加急剧恶化。1948年1月—7月，法币贬值达到40倍。物价飞涨，到八月份，法币的面值，已不抵其纸张和印刷费的成本。

8月20日，南京政府颁布《财政紧急处分令》。这可是空前绝后的政府法令。禁止人民私自持有黄金、白银和外币，改法币为金圆券，与法币的兑换率为1比300万。同时冻结物价。企图以"经济战乱"的强制手段，拯救其行将崩溃的社会经济。

竺可桢当时虽然对此项法令疑虑颇多，但也善意地想到，抗战胜利时，国民党接收人员，抛售黄金，套取法币，乘机大做买卖，致使黄金大量流入民间，现在回收聚拢，或许有利从根本上稳定物价。其实哪里是这样简单，况且，还有一些官商巨贾，从中谋利。

奉公守法的竺可桢夫人，将自己仅有的一点黄金，也换成了金圆券。一两黄金换200元，不料到11月初即上涨到950元，到12月底已达2500元。等于将黄金换回几张废纸。竺可桢深切感叹地说：

"忠实的百姓，损失太大了。以后还有谁相信政府呢？每次立法，都是使奉公守法的人，处处吃亏，而横行无忌的人，为孔令侃之流，逍遥法外，大发横财。这样下去，谁还愿意守法呢？这是政府在迫使人民去反对它的。这样的政府难得长久。"

政府发行金圆券，本无黄金储备做后盾，实际就是对人民的欺诈掠夺。不仅物价未被冻结住，反而使市面商品奇缺。黑市物价更是飞涨。10月26日，杭州市商店柜台及陈列的所有商品，销售一空。27日，武林门一带，发生饥民抢米事件。粮食问题空前严重，浙大师生的饮食，也是朝不保夕，纷纷向竺校长告急。

10月27日，竺可桢召开紧急校务会议，讨论粮食问题。决定派人分头到富阳、涣地等乡下，购置粮、油和木柴。几天后据下去的人回话讲，采购工作顺利。30日，又开校务会议讨论储粮。竺可桢计算出，全校师生员工半个月需要的米、油和柴，数目不小。而且都要从几百千米外的乡下，零星收买，再送回杭州，这对车辆有限的浙大，是够困难的。但在竺校长的筹划下，大家齐心协力，也都办到了。可是大学的校务会议，接连专门讨论购买柴、米、油的问题，恐怕也是教育史上少有的事例了。

由《财政紧急处分令》所掀起的"黄金"风波，严重冲击国统区的经济，使社会更加动荡不安。南京政府处于风雨飘摇之中。这时，其头面人物还妄图挽回败局。

9月17日，竺可桢应约参加省政府为副总统李宗仁来杭视察举行的招待会。这位副总统在会上还说，共军秋季攻势，不足为惧。然而不久，解放军攻克济南。随后，辽沈战役结束，国民党军队被歼47万人。东北全部解放。

1948年11月8日，蒋介石在纪念周集会上宣称："九·一八东三省沦陷，抗战八年光复，如今剿匪也要八年。"他唯恐大家不信，最后又强调说："各位可以相信，我一定有转危为安的把握。"当时，还有谁会相信他的吹嘘呢？就连追随其多年的心腹谋士陈布雷，也因劝蒋，要求宋、孔家族"减肥、献血"，遭到冷遇，看到前途无望，而先行一步走了！陈布雷服安眠药而死是个前兆。竺可桢看得出，南京政府，也在其反对政令的驱使下，正一步步地走向生命的尽头。

"浙大保姆"

1949年3月7日，是竺可桢59周岁生日。按中国习俗计算为60大寿。竺可桢对自己的生日，历来秘而不宣，只在自家举杯祝贺而过。

但是，不慎有人知道了，1949年是他的华诞。气象界准备为他出专集，并开辟纪念室；浙江大学则更热闹非凡，开始是学生广为宣传，接着校内外，在其生日前夕，送来许多贺信、贺电，把个竺可桢闹得，只好在《浙大日刊》上刊登启事："礼品一概不收，开会一概不到"。

3月6日，学生会举行盛大祝寿晚会。大会主席台正中，悬挂着学生精心绘制的彩色大幅竺可桢画像，会场被挤得水泄不通，参加的人，超过任何一次集会。然而，竺可桢却如启事所言，未来参加大会，接受对他的恭贺。躲进书房读书去了。

学生会在对他60大寿的贺词中说：

"竺校长，在浙大最为混乱的时候，受命来校，13年来，领导浙大，免受损害，成长壮大。在多次民主运动中，为了真理，为同学们的安全，竺校长不辞劳苦，为我们奔走，替我们说话……"

学生们敬重、热爱他们的竺校长，铭记他的恩德，称他为"浙大保姆"。在献给竺校长的锦旗上，绣着"浙大保姆"四个大字。以表彰他对浙大尽职尽责，像爱护孩子一样，哺育学生成长。

竺可桢看到这些称颂，态度冷静、严肃。回想起来校后的历程。

1936年4月，竺可桢出任浙大校长，废止前任军事专制，实行民主管理、教授治校，很快扭转了学校的混乱局面，使教学转入正轨。次年7月，日寇又大举侵略中国，抗日战争全面爆发，不久上海沦陷，战火烧到杭州，竺可桢领导浙大搬迁，历经建德、泰和、宜山，最后迁到遵义。难能可贵的是，浙大历经四次迁校，图书、仪器和人员，基本没有损伤。而且学校还求得发展，该校被英国友人誉为东方的剑桥。

当1944年，日寇向桂北进击，攻陷独山时，在贵州搬家逃难之风四起。竺可桢分析，敌人不一定再向北进。但也进行多种准备。他询问教育部的应急措施，并派人到遵义西、北地区找房子，准备家属和女生避难住。同时与附近的第14兵工厂联系，商借枪支、弹药，以防万一。一旦敌人侵入到遵义地区，他准备组织护卫团阻击。不料，教育部于7日竟电令："浙大学生参军。"竺可桢甚为惊异。幸好，此时，日寇已迅速南撤，电令随之撤销。

抗战期间，在山沟里办学，总的还算顺利。胜利后，迁回杭州，却越来越困难了。尤其是内战全面爆发后，随着战局向不利的方面发展，政府总是对人民过意不去，想方设法算计百姓。一个《财政紧急处分令》，迫使物价飞涨，把人民都推到对立面上去，百姓无不怨声载道。一个堂堂国民政府，竟听不得学生骂几声，而施以毒手。使学校多灾多难，几乎难得办下去。

他的60岁寿辰，就是在这种情况下到来的。

战局的发展，比人们意料的快得多。继辽沈战役后，11月6日淮海战役又开始了。不论国民党怎样吹嘘，掩饰战局的真相。但12月初，徐州"剿总"弃城南遁，使南京风声鹤唳，达官显要纷纷出走，这一切是逃不过竺可桢眼睛的。

南京当局指示：各大学准备"应变"迁移。

杭州也流言四起，人心惶惶。竺可桢却很镇静。12月4日，他召开校务会议，讨论"应变"事宜。结论是暂不提迁校问题，也不提前放假。会后，浙大学生会、讲师助教会，分别上书竺校长，表示不同意迁校。这使他想到

12年前，全校师生员工，团结一心两迁；现在上下一致，反对南迁。两相对比，人心相背，再清楚不过了。想到自己，这里是他生长的故土，一向堂堂正正做人，在中国人的天下，是无所畏惧的。他更加镇定自若了，经常顾虑的倒是怎样把学校保护好。

12月中旬的一天。竺可桢收到教育部发来的附有情报的一分密件。情报里说"竺可桢包容共产党学生，使浙大成了共产党的租界"。当局将此件送至被检举者竺可桢，目的是胁迫他就范。竺可桢若无其事，毫不畏惧。24日，他去南京交涉"应变"费，学生们怕有不测，两个学生坚持陪同他一起去了，结果是空手回来。

1949年元旦，新华社发表新年献词，《将革命进行到底》。竺可桢收到中共杭州工委翻印的献词全文和贺年信。贺信希望他坚持工作，保卫人民财产，准备参加新中国建设。他感到共产党是公正的。他印象中的不少好学生，其中有精明强干的，也有默默读书不露声色的，后来听说，都成了共产党员。连陈布雷先生最钟爱的聪慧的三女儿，也成了共产党员。共产党是有魅力和感染力的。献词使他对保护好学校，更加有了信心。但在当时，这献词、贺信都是危险的，他深夜看后，就烧掉了。

1950年1月3日，全校学生选举产生学生"应变"委员会，并向竺校长报告其所设机构和任务。其中的安全队，由数百名精干的学生组成。日夜巡逻，保护学校。竺可桢表示赞同和支持，并嘱咐说：

"有什么要求，来校长室讲。"

向校长建议加固校园的围墙。

竺可桢同意，包工给学生，由土木工程系来负责施工建筑。破土开工那天，土木系唱主角，都来了，其他系师生也来了许多人，非常热闹，苏步青教授当场赋诗助兴。

1月19日，竺可桢主持成立了浙大安全委员会。委托他最信赖的胡刚复教授主持具体工作。下设警卫、消防、救护、联络和粮食储备等组。竺可桢，就是这样以实际行动，来表明对"应变"的态度的。

由于南京当局一再喧嚷的关乎党国命运的淮海会战，以其失败而告终；北平的南大门天津，也被解放军攻克，北平已成解放军的军囊中之物。形势所迫，蒋介石不得不于1月21日通电下野。发布文告："由副总统代行其职权。"

代总统李宗仁一接任，即宣布取消全国戒严、释放政治犯。以缓和形势，为和谈创造条件。

竺可桢一见宣布政治犯可释放，马上与省政府交涉。当时的省主席陈仪，可算得上是审时度势，适应潮流的俊杰，当即答应，可由学校保释陈建新、吴大信等五人。26日浙大学生近千人，列队前往监狱，迎接五位同学，一路上高呼"打倒四大家族"等口号。

竺可桢对学生这一行动的过火行为，提出劝告。他对学生代表说：

"昨天上街喊的口号，太惹祸了，应注意避免。"

他想到，蒋介石回到老家汉口，退居二线，不过是缓兵之计。蒋绝不会甘心败落的。蒋的心腹、学生，仍居军政要位，只听蒋的指挥，一旦需要就会卷土重来。

1月28日是阴历除夕，浙大师生的口粮要断炊。竺可桢召开会议研究解决办法。他分析说：

"已是年关，乡下粮店都已关门过年。登门挨家收购，如同乞讨。实际也难办到。"

大家也感到实在没有办法自筹解决。

竺可桢只得亲自前往省府求助。陈仪主席不愧是浙大老校友，尚且关心浙大，下令拨发学生米5000千克，教职员每人175千克，才算暂时解决了师生吃饭问题。

趁着南京新官上任的时机，竺可桢于2月14日，联络上海几所大学校长赴京，要求拨发学校经费。李代总统热情答应解决困难，但手中没钱。适遇从广州回来的孙科院长，也很痛快，马上给批了领款条子。回到杭州，银行竟无钱付给。

次日，竺可桢见到报纸刊载：浙江省主席陈仪被免职。使他不禁一怔。想到陈仪自接任以来，与前任大不相同，对浙大爱护备至。猜想去职原因，可能上月26日，宽容浙大学生游行，遭到蒋帮的忌恨。不忘政界贤人，竺可桢驱车前往，为陈仪送行。私语，证实了他的猜测，陈仪表示，大丈夫敢做敢当，无后悔可言，更使他于心不安。

3月3日，竺可桢去南京教育部办事，又从朱家骅部长那里听到，"陈仪已被软禁，其免职的更深层原因，是曾给共产党方面写信，愿意单独讲和。"

可是，竺可桢当时不可能得知，出卖陈仪的，竟是其门生汤恩伯。

陈仪被解职软禁的事，使竺可桢感到自己处境的险恶。不久，他又从友人那里，获悉特务上报的两份名单，一份是"反动分子"，另一份是"和平分子"。竺可桢被列在后一份的首位。他对自己感到坦然，却极为担心另一名单上人员的安危。尽自己所能，通过各种途径，嘱咐那些人躲避起来，保护他们脱离险境。

浙大为竺校长庆贺大寿以后不久，李宗仁委派张治中等赴北平，与中共进行和谈。同时加紧调兵遣将，强化长江防务，企图凭借江阴，搞南北分治。

在国统区出现和战扑朔迷离的阴暗日子里，竺可桢最为担心的是学校的安危。4月1日是，南京学生游行示威，遭到军警镇压，死伤多人。4月15日，杭州街上军警林立，传言浙大学生要游行，使竺可桢大为惊讶。唯恐以为当局蓄意挑衅的信号。于是他忙去省政府辟谣说：

"浙大校内平静，根本没有准备游行的事情。"

此后，听到国共和谈破裂的消息。4月21日，人民解放军突破长江天险，23日解放南京。浙江省政府宣布，南迁宁波。

4月24日，竺可桢倡议，在原来学校安全委员会基础上，吸收学生代表，组成浙大"左变"委员会，由严仁赓、苏步青分别担任正、副主席，竺可桢是主席团七个成员之一。

26日，竺可桢听到传闻，25日夜，军警闯入上海交大，抓去学生80人。次日，他即走访留杭的省府秘书长。他说，"只要学生不挑衅，就不会发生交大那类事。"但他推说不了解军方的态度。竺可桢又走访保安司令部。他们是一派官腔："军人以服从命令为天职。"竺可桢使更加不放心。当晚又传来上海各大学被解散的消息。

28日逃到上海的教育部长给竺可桢打来电话要他尽早到上海。并说教授愿离校者，也可以随同去。竺可桢回答说：

"沪校疏散，浙大师生震惊，此时暂难离开杭州。"

29日清晨，这位部长又来电报，催竺可桢，"有事要相商，请速来上海。"同时，他还得到省府和保安司令部，不入浙大捕人的允诺。使他失去滞留杭州的借口，感到很为难。加之，当时外界有传言说，"竺可桢留杭州，是想当副维持会长。"众口难辩。他考虑，自己还是浙大的校长，应听从命令，去到上海会会部长，再与他们周旋。免得这些怀疑狂，听信社会流言。狗急跳墙，指使杭州警特，对自己以致浙大下毒手。就这样他决定，离开他患难与其达13年之久的浙江大学。

4月29日下午两点，竺可桢由校部的两个人陪同，辞别家人，给浙大"左变"委员会留下一信，委托照顾学校一切事宜，在凄风冷雨中，乘车到达戒备森严的上海，婉言谢绝部长，要他去台湾或广州的说教。在上海的众多亲朋好友，都支持他留下来，愿意为他提供安全住所。他让陪他来的两人回杭州，向浙大师生和家人传信，他决不去台湾。

5月1日，竺可桢在上海接到浙大师生来电：说他即记得回杭州。但此时，返杭的路却封锁了，而他的心，与浙大师生早已联在一起。

首次参政

1949年9月初，竺可桢作为教育界的代表，参加了中国共产党发起的在北平召开的中国人民政治协商会议。这是他生平第一次正式参政活动。这次会议，又简称新政协。

1945年8月，抗战胜利后，国民党在重庆召开过一次中国政治协商会议。对于那次会议，竺可桢当时曾抱有希望，能达到和平建国协议。但他当时主要是进行观望，对国民党的官场政治，不感兴趣。退避三舍，情愿蹲在遵义的山沟里办学。

1946年后，竺可桢领导浙大迁回杭州办学，听说国民党撕毁协议，挑起全面内战，他也并不感到惊奇。直到国民党一败涂地，竺可桢认为，是其背离人民失掉民心的必然结局。

1949年5月25日，暂时隐居上海的竺可桢，亲眼看到，攻进上海的解放军，露宿街头。市民来往如常，毫无受到干扰。深感真是仁义之师，岂能不胜！

6月9日，上海中央研究院集会，纪念建院21周年。当时中国人民解放军第三司令员、上海市军管会主任兼上海市市长陈毅，应约出席，并发表讲话。竺可桢听后感到，共产党军队的一位高级将领，对于国家未来建设，怀有宏伟战略目标，对旧中国科学事业的弊端，有着透彻的见解，并由此看到，共产党对知识分子和科学事业寄予厚望。陈毅还告诉大家，不久，将在北平召开科学工作会议，希望诸位出席。

7月5日，竺可桢应约，赴北平参加全国自然科学工作者会议。会议的目的是加强科学界的团结，更好地为新中国的建设服务，为成立全国统一的自然科学组织准备条件。会议几乎集中了当时全国科技界的精英。在会上，竺可桢见到不少多年未见的老朋友，非常高兴。会议期间，周恩来会见了全体代表。7月19日，周恩来还在中南海设宴，招竺可桢、吴有训等人。亲切争求对会议的意见，还详细告诉大家目前经济情况和准备采取的各项措施，以及各地的灾害和克服困难的办法。竺可桢亲身感到，共产党的领导人与国民党就是不同。为国家、为人民，尽职尽责。他向来崇尚贤人治国，当时，也是从周恩来、陈毅这些中共领导人的举止言谈中，认识新中国前途的。他还听周恩来说，距新政协开会还有一个多月，你们可以到各地走走看看。常言说得好，百闻不如一见。

会后，竺可桢参加了赴东北参观团。共有48位科学家自愿报名参加。竺可桢被大家推选为团长。参观从沈阳开始，经鞍山到大连，然后又北上长春、哈尔滨。

沿途看到东北广大地区农民，生活改善，劳动热情高涨，庄稼长势好，丰收在望。工厂车间，虽仍有残墙断壁，但是工人们都在埋头苦干。工间休息时，有说有笑，彼此感情融洽。工厂关心工人，劳保待遇得到改善。生产恢复得很快。大家齐心努力生产，支援前线。

各地政府负责人，求贤心切，听说参观团里都是全国有名的专家学者，就向他们虚心争取意见。所以每到一地，参观后都进行座谈，提出建议。他们看到，东北地区物产丰富，交通发达，工业基础较好，可以做新中国重工业基地。

对于大连这个东北唯一的港口城市，有着特别的感情。但他看到这里的旧貌新容，怎么也高兴不起来。与他经常在一起参观的吴有训，细心地注意到了。吴有训以为竺可桢是看到大连街上常有苏联水兵引起的，就向他说了。竺可桢听后说：

"你只猜对了一半。作为一个大国，我感到如允许外国军队驻扎，是有失尊严的。还有，就是我心爱的大女儿竺梅，随其夫到解放区工作，在大连，喘息病复发，未能治好，长眠在这里。遗憾的是今日来到这里，竟无法找到她的墓地祭扫。"

家事、国事，竺可桢的这两桩心愿，直到1956年才完全了却。那年他赴大连参加会议，顺便去竺梅的墓地祭扫；又看到旅顺军港，漂泊的各种舰艇上，"八一"军旗迎风飘扬，一扫殖民地的旧貌。

参观哈尔滨后回到沈阳。遇到从香港北上的章士钊等爱国民主人士。要求竺可桢介绍考察东北的观感，这些人士听后说：

"听君一席话，胜读十年书。"

也可以说一个多月的东北参观。更加丰富了科学家参政的思想感情。

此后，他们一起乘专车到北平，参加政治协商会议。在车站受到周恩来等的欢迎。

这次政治协商会议，是一次包括全国各地区、各职业领域、多党派代表及无党派民主人士参加的协商国家大事的会议。其主要任务，是讨论并通过《共同纲领》、选中华人民政府委员会。

竺可桢自始至终参加了会议。在讨论《共同纲领》的过程中，他说：

"《纲领》内容完善，比较全面。根据中、外经验，以及我个人的实践，认为科学技术，对于建设国家具有重要作用，所以建议在《纲领》中，另加一条，发展自然科学。"

他的建议得到许多人的赞同，在正式通过的《共同纲领》，第43条规定：

"努力发展科学，以服务工业、农业和国防的建设，奖励科学的发现和发明，普及科学知识。"

这是——首次参政的具体成果。他感到高兴的是，多年来科技兴国的愿望，从此可以实现了。

在讨论国都、国旗、国歌和纪元等问题时，——所在的教育组，发言热烈。对于定国都在北平；国歌采用《义勇军进行曲》，纪元采用国际上通用纪元，大家无异议。对于国旗的几种图案，大家分歧很大。只好把矛盾上交。在以后通过国旗议案时，提案委员会向大会提出的是"五星红旗"，竺可桢当时对其含义不甚了解，本着实事求是精神，他投了弃权票。

在这几天教育组开会期间，竺可桢结识了华北大学工学院院长恽子强。在交谈中得知，他原名恽代贤，是恽代英的胞弟。毕业于南京高师法学系，与吴有训是同班同学。他说：

"当初，他对政治也不感兴趣，毕业后在上海药专，教药物化学十多年。抗战开始，由学生介绍到苏北抗日根据地。以后又到了延安。"

竺可桢被约到他居室一坐。见屋不过10平方米，两张板床，一个书桌，真可谓一身之外，别无他物。恽子强可称是共产党的代表人物。对人极谦虚，每次见面，都称竺可桢老师。使竺可桢想到，20世纪30年代他教过的，如恽子强这样出类拔萃的学生，已成长为国家栋梁了。

9月30日下午两点，竺可桢乘车赴中南海怀仁堂，参加政协全体会议。选举全国政协委员，中央人民政府委员及主席、副主席。投完票后，全体代表乘车到天安门广场中央，参加人民英雄纪念碑奠基典礼。7点回怀仁堂继续开会，报告选举结果。当大会宣布朱德、宋庆龄等6人当选为中央人民政府副主席、毛泽东当选为主席时，全场掌声雷动，高呼口号。竺可桢感到从未有过的激动，闭幕时兴高彩烈，与大家一起高唱国歌，"起来，不愿做奴隶的人们……"唱出了人民共同的心声。

1949年10月1日，北京秋高气爽，在碧蓝的晴空中，高悬的秋阳，照耀着向天发门广场汇聚的欢乐人群。首都北京30万军民，在天安门广场集合，隆重举行开国盛典。

下午两点，竺可桢容光焕发，身着藏青色中山装，乘车经午门到天安门，与代表们一起登上城楼。看天安门广场，像人流汇集的海洋，风展红旗像船帆，在广场的人海上到处飘扬。3点钟大会开始，奏国歌，升国旗，鸣礼炮，竺可桢亲自听到毛主席向世界宣告：中华人民共和国、中央人民政府成立了！产生诸多共鸣。是的，百多年来我们中国人受尽欺凌，从此，我们站起来了，要以一个强大的国家屹立于世界。俯视广场，群情沸腾，欢呼声此起彼伏。英雄的人民解放军方队，以排山倒海之势，从天安门前通过。

竺可桢回转身，看到周恩来，不时左右走动，与城楼上观礼的人们亲切打招呼，说上几句。他真是天下第一忙人。随之想起不久前，周恩来与他一次谈话说：科学技术对建设新中国是至关重要的，可惜现在还有些同志缺乏足够认识，请他给遇到的人多讲讲。恳切的话语，鼓舞他毕生为科技事业竭尽全力。

群众游行到晚8点才结束。这时，竺可桢仰望天安门广场上空，焰火升起，万紫千红，光彩耀眼夺目，预示祖国前程似锦。

竺可桢首次从政，参加了创建人民共和国庄严的一幕。随着中国历史的这一伟大进程，有志者大展宏图的时代开始了。

暮年宏图

　　1949年10月16日下午，在北京饭店，竺可桢收到中央人民政府任命的各部（委）首长名单。郭沫若被任命为中国科学院院长，竺可桢和李四光、陶孟和等被任命为副院长。这已是预料之中的事。

　　近几天来，陆定一曾与竺可桢交谈过两次。一次陆就教育工作听取他的想法。在谈了一些想法后，竺可桢明确表示，教育方面人才济济，他不想搞教育工作了，搞点科技工作，了却晚年吧！还有一次来找他谈，问到科学院院长人选的事，竺可桢提出吴玉章、李四光，讲了他们的长处。陆定一提到郭沫若，又就科学院内部组织听取他的意见，表明了未来的走向。

　　人民政府对竺可桢是了解的。知道他坚持科学研究，为发展我国科学事业，特别是气象科学做出了开拓性贡献，知道他为办好浙江大学呕心沥血，为保护师生，坚持正义，不畏强暴，竭尽全力；知道他为人正派，作风严谨，在科学、教育界有很高的声望。所以推举他到全国科学事业的最高领导岗位。这时他已年近六旬。人到暮年，才得以充分施展科技兴国的宏图。

竺可桢与郭沫若并不熟悉。只知道也是中国的大文豪，对考古很有研究，是著名的爱国民主人士。两人第一次会面交谈是在任命后的第二天。在恽子强的陪同下，郭沫若来到北京饭店竺可桢的住室，商量筹建中国科学院的有关问题。两人一见如故，未等恽子强介绍，两个话匣子就开起来。郭沫若通今博古；竺可桢知识渊博，擅长古为今用，讨论起问题来，两人共同语言很多。共同认为，当务之急，是尽快把旧的科研机构接收下来，弄清家底，再图大业。两人像有说不完的话。不觉天时已晚。只得下次再谈，送走郭沫若，竺可桢称他，真不愧为大学问家。以后到20世纪60年代，竺可桢在研究古气候时，有关考古方面的疑问，经常向郭沫若求教。郭沫若在解释毛主席诗词时，有关庐山和娄山美的意境，如怎样构成了"残阳如血"，也请竺可桢予以指点。两人结下深厚的友谊。作为郭院长的副手之一，竺可桢分管自然科学，尤其在建国初期李四光在国外尚未回来，有关自然科学研究方面的事，主要是由竺可桢筹划的。郭沫若信任他，从不称头衔，而戏称他为老夫子。经常说，"这事，请找竺老夫子。"推给他去处理。

按照郭沫若与竺可桢商定的思路，中科院首先是接管、建立机构，充实研究人员，然后才能按照国家需要，将研究工作迅速开展起来。

接管旧有研究机构，归属中科院的工作，首先从北京开始。由中国科学院通过原北平研究院和中央研究院的多家研究所，均归本院。然后，竺可桢陪同郭沫若到各研究所，和全体研究人员会面，征求意见。同时，竺可桢又相继访问了清华、北大、燕京等大学。广泛征求对办好中科院的意见，了解有关学科领域有造诣的研究人员的人选。如果其中有的仍在国外，则探讨其争取回国的办法。调查、接管工作，在北京告一段落后，竺可桢与陶孟和又同赴南京、上海，对那里的各研究所进行调查接管。这就为中科院下属第一批研究所的建立打下了基础。

竺可桢曾任中央研究院评议员多年，最后又成为其第一批院士。对科学界情况比较了解。他每到一处，都与科学家促膝谈心，把情况摆到桌面上。有人知道他任气象研究所所长多年，就用话试探他，关于气象所的去留问题。甚至原气象所想借机充实扩大气象所。对这些，他都耐心解释，并强调要从国家对整个科学事业的要求出发，根据原有基础和今后发展的有利条件，具体确定一个研究所的去留。综合多方面专家的意见，经过反复研讨，最后决定，把原有23个研究所，调整为17个，另建3个新的研究所。成为中国科学院最初的基本研究机构。

开展科学研究，向苏联学习。竺可桢坚持结合我国实际，吸收有益经验。为我所用，而决不随声附和。他在苏联考察时，看到苏联科学院重视基础理论研究，使苏联拥有强大的科研后继力量。回国后，首先在生物学领域加以贯彻。但他对苏联在生物学领域，强制推行"李森科的学说"，不同意的就被扣上"唯心主义伪科学"帽子，甚至到迫害的做法，深为不满。早在1947年，他从欧美考察回国后，就曾在浙大发表演讲，批评苏联政治干预科学的错误。特别对苏联著名农业科学家、遗传学家H.N瓦洛夫被迫害致死，深表同情。这股怪风也曾吹到我国，严重影响遗传学界的学术研究。竺可桢对此冷静处之，决不苟同。

在1956年春天，中共中央提出"百家争鸣，百花齐放"的方针，中宣部建议，在遗传学领域，应充分发扬学术自由，开展讨论。8月初，中科院和高教部联合发起，在青岛召开遗传学座谈会。百多位科学家出席。竺可桢亲自主持这次会议。并明确指出，遗传学研究领域，存在着严重学术观点分歧，在以后的研究中，贯彻"百家争鸣"的方针，是非常重要的。希望大家积极发言。说出自己的见解。但在分组座谈开始时，仍然有不少人持观望态度，不敢畅所欲言，怕说多了，容易招人抓辫子。竺可桢就找这些人个别谈话，针对每个人的想法做工作，打消顾虑。

他还讲到，有一次他率团赴苏联访问期间，曾亲自去询问，当时任苏联农科院院长、兼遗传研究所所长的李森科，在遗传学和生物学研究中，有关物理化学的应用问题。李森科竟说 他根本不主张使用物理化学方法，研究遗传学和生物学。这位显赫权威的回答，使他当时感到非常惊讶。认为此人毫无科学道理可讲，有的只是装腔作势唬人。

竺可桢的动员果真有效，后来，与会学者各抒己见，特别是近几年被压抑的"摩尔根"学派，心情舒畅，其中有位学者说：咱们只求自由探讨学术，以理服人，不要以帽子压人，这样才有益学识的提高。竺可桢看到大家争先发言，学术气氛很浓，他很高兴。相信座谈会取得成功，将推动遗传学科研和教学走上健康发展的轨道。

中国科学院还负责指导全国各地区的科研工作。当时，东北是中国重工业基地，农业生产也亟待提高。竺可桢为此曾两赴东北调查，看到仅有一个东北科学研究所，远远不能满足经济发展的需要。据此，中科院决定，首先成立东北分院。从北京、上海抽调一部分研究人员，充实力量，促进了东北经济的发展。此后，他又着手西北分院的筹建。西北地区占全国总面积的1/3，资源丰富，经济发展潜力很大，但水土流失极为严重。决定首先成立中科院西北农业生物研究所，以适应农业生产急需。接着，根据调查情况，在他的倡议和指导下，在兰州又相继建立了一系列研究所。密切结合生产需要，进行研究。其中有些研究成果，已到达世界先进水平。我国海域辽阔，竺可桢深知发展海洋科学研究，是当代人类走向海洋所必不可少的。他商量求得教育部门的支持，从大学调来专家教授，会同有关学者，组建起海洋生物研究室，很快发展成为海洋研究所。

　　新中国的自然资源考察，是在竺可桢的主持，指导下，从对西藏进行综合考察开始的。1951年5月，他精心组织，选派了以地质学家李朴为队长，共有40人参加的队伍，对西藏进行了包括：地质、地理、生物、农业、社会、语言和医药等内容的综合考察，取得了丰富成果。不久以后，他又组织了对海南岛等地的考察。此后，中科院成立自然资源综合考察委员会，竺可桢兼主任，主持工作。有时还亲自带队考察。就是这样，他不仅运筹帷幄，而且在决胜千里的征战中，走在队伍的前列。

考察吐鲁番

　　1958年9月初，竺可桢率领综合考察队，到达乌鲁木齐。这是他第一次到新疆，首先考察吐鲁番盆地。

　　吐鲁番盆地近东西向分布，似船形，面积5万平方千米。人口16.5万。盆地北部边缘，是高耸入云的博格达山，平均高呈3500米，最高峰达5000米，长年白雪皑皑。南缘的觉罗塔格山高呈是1500米，盆地北高南低不对称。盆地中的最低处是艾丁湖，高程低于海平面154米。盆底与边缘高低悬殊。著名的火焰山，位于盆地的中北部，随盆地近东西向延伸，长100千米，宽10千米，高达海拔500米。

　　分组考察开始后，竺可桢随地理组，决定先一睹火焰山真面貌。

火焰山，唯语称克孜勒塔格，即红山。竺可桢一行，出吐鲁番县镇不远，即看到一条低山横亘在前面。在午后火热秋阳的照耀下，红光闪闪。加之北部边远处青山白雪的背景衬托，更显有阵阵烈焰升腾。待到近前，见到火焰山露出的都是红色砂岩。山脚下，还有潜流渗出来。向上攀登几步，更觉得灼热烤人。竺可桢自语，看来这烈焰升腾，就是烈日烧烤下，红岩里的水蒸气升空了。随来的当地同志说：这里的最高气温达49℃，夏季的地表温度达70℃，最高82℃，可烤熟鸡蛋。盆地里干旱少雨，年降雨量仅二三十毫米。由于日照强，无霜期长达230天，适于农作物生长。盆地里的地下水丰富。如盆地北部，由边缘山坡沿冲积扇、坡积裙向内部，地势渐低，地下水面也降低。但由于盆地中分布的火焰山，又使地势抬起，地下潜水面随之升高，埋藏浅了，甚至在坡脚沟口呈泉水流淌，就便于利用了。

眼前的片片绿洲，远远看去，像一串串、一颗颗明珠，镶嵌在灰色盆地的坡前或沟谷。

浏览了盆地的风光山色，竺可桢一行，驱车来到火焰山西北侧的葡萄沟。同来的地方同志讲，这葡萄沟长8千米，宽约1千米。背风朝阳，水源充足，栽种葡萄已有千年历史。现在正是葡萄收获的季节，各位专家来得正好，可以尝尝鲜。也可改进种植，为提高产量出谋划策。竺可桢接着说：

"鲜是要尝的，但一定要给钱。绝不可以做蝗虫，吃了一走了事！"

全车人听了，都大笑不止。说笑着车已来到葡萄沟口。看这葡萄沟正如山前坡地冲积扇的前缘，主要是沙质土壤，滤水性强，适于葡萄种植。这里地下水丰富，便于灌溉。进沟后，只见路两侧，葡萄一架接着一架。维吾尔族老人见有三辆汽车进来，在路的两旁，葡萄架下，欢声笑语，迎接来访的客人。竺可桢一行下车，在几位维吾尔族老人簇拥下，来到一大片葡萄架下，席地而坐。主人端上来几大盘各色葡萄，送到客人面前。竺可桢看着这珍珠般的葡萄，摘一粒放到嘴里，感到皮薄汁多，称赞葡萄香甜可口。

他们一行还考察了这里的葡萄种植情况。竺可桢看到浇水都用明渠，认为这里蒸发量大，水资源缺乏，应考虑改用地下管道，以节约用水。他还注意到这里用做晾干葡萄的小楼挺别致。这种小楼，底层开门，上层四壁布满通风孔，便于空气流通。分多层架晾葡萄，既架得多，又是阴干，不着阳光照射，能保持葡萄（干）翠绿色泽。这种方法，值得推广。在向老乡告别时，他还亲切地说：

"以后，在栽培过程中，遇到什么困难问题，请给中科院竺可桢写信，我一定帮忙，设法解决。"

在返回县招待所的路上，地方同志说：

"吐鲁番5月开始瓜果飘香。最早是桑葚下来。这里的桑葚是白色的。个头大，糖分多，比北京的甜多了。五六月份，杏子、沙果接连下来，这里的杏，个儿大，核扁肉厚，而且甜。以后，甜瓜、西瓜下来。八九月份，是瓜和葡萄成熟的旺季，甜瓜还分为夏瓜和冬瓜两种，夏瓜只需80天就成熟了；冬瓜则要长120天，下来得晚。但在阴凉处，可存放到第二年瓜果下来，吃起来味道不变。瓜和葡萄不仅供应国内各地，还出口到外国。另外，吐鲁番的蔬菜，产得也较多，还供应乌鲁木齐市呢！"

听了这些话，竺可桢又风趣地说：

"看来，我们谢绝自治区政府的挽留，决定住吐鲁番县招待所是对了。不仅省去往返旅途之劳，而且还可以减少乌鲁木齐市蔬菜供应。"

这几句话，又把大家逗乐了，解除了疲劳，又感到跟着竺可桢这样的专家领导，出野外考察，不仅增长见识，生活得也很愉快。

第二天，竺可桢一行驱车向东南行五十多千米，来到艾丁湖畔。眼前呈现白茫茫一片，湖水干枯，水面缩小，在远处闪着微光。车停在岸边，距水面有几千米远，地面平坦，为渍地，表面具干枯的极结硬壳。在太阳照耀下，还有白色结晶盐粒闪光。吉普车又向前行进，前车的轮胎即压破硬壳，开始打滑，只转不走。人们下车，用后车把它拖回来。竺可桢继续向前步行一段，距水面尚有一段距离，脚下开始滑起来，实在向前走不得了。有个年轻人，嘴里喊着，我就不信走不到水边，走了几步，脚就陷进泥里去了。人们赶忙把他拉回来。竺可桢说：

"看来，我们只尝到湖泥的苦头，是不能品尝湖水的滋味了。"

汽车回头上路，继续东行二百多千米。到了十三间房。据说，以前国民党军队在这里设一个兵站，建有13间房，因此得名。现在已建起几百间房屋。竺可桢举目回望，但见这里仍是遍地戈壁，卵石直径都在二三厘米以上。很少植被，仅有的几棵红柳，在风中摇曳，显得孤独可怜。他神情严肃，脸上浮现愁容。

据说，这里是吐鲁番盆地东部的一个风口区，由于盆地里气温高，形成低压，致使大量冷空气，从情格多与巴里坤之间的谷地，涌入盆地。形成强烈风暴。以春夏之交最多。这一带，全年240天刮七级以上的大风。但在这里刮七八级风时，只感觉到大风呼啸，擦身而过，都依然是蓝天白云，不见黄沙漫卷。因为戈壁滩上的沙土，早被大风刮走了。至于压在卵石底下的沙土，只有在刮九级以上大风时，才和鸡蛋大的石子同被刮起来，刮得沙石漫天，狂飞乱舞，对面看不见人。这时如不躲避起来，就会被刮起的石子打得鼻青脸肿，打破衣服，乃至皮肉。在这风口处，植树很难成活。

竺可桢听到这些话语，面对戈壁滩的荒凉景象，感到需要从较大区域上着手进行综合调查，经过几代人长年全面改造，才会逐步奏效的。当前紧要的是，怎样防止风沙侵袭，保障兰新铁路的安全修建，以至修好后确保畅通无阻。

在返程的路上，竺可桢看到装满红柳的汽车、毛驴车，擦车而过时，不禁想到，红柳是这里最能抗风耐旱的植物，具有防风固沙的作用，这样砍伐，岂不是助风沙为害吗？但又设身处地，进一步想，不砍它，人们又烧什么呢？所以须得政府想方设法，动员全社会，综合解决这类牵扯面广的问题。

在吐鲁番的几天考察，竺可桢还专门听取了县气象站的汇报。勉励他们进一步搞好观测站的建设。提出在东西部风口区，设观测站的建议，这不仅为天气预报服务，而且为风能利用积累数据。

在返回乌鲁木齐的路上，竺可桢还考察了达坂城风口区。那天天气晴朗，微风拂面。竺可桢一行清早起程，八点半即赶到三个泉附近，开始考察。同行的地方同志说：这三个泉高程是900米，向西北上行到达坂城路程是1100米，相差200米，春末夏初时节，西北上的冷空气。自达坂城至三个泉的这条沟谷倾泻而下，形成西北向风暴，卷起二三厘米大的卵石，将向西开的汽车玻璃，全部打碎。油漆被打光，车上的苫蓬被打破、撕扯稀烂。使司机过这一带时，无不"谈风色变"的。

竺可桢下车，拍拍司机的肩膀说：

"小伙子，不用怕，我了解过了，这里的风暴，大都是午后开始刮起来的，到那时，我们已到乌市招待所养神了。"

说完，走到路旁戈壁滩上查看。沙石果然大都在3厘米以上。有些小的，大都压在大的下面。回头再看沙石路面，比水冲洗的还干净，这都是强劲气流冲刷之功。他又四处张望，看到沟口一侧背风的坡脚下，长着几束小草，估计附近有地下水渗出，也就是泉水了。

汽车沿沟谷继续向达坂城行进。沿途竺可桢不时要司机停车，下来走近路旁岩壁，查看被飞沙走石侵蚀的沟槽。在突出的岩壁转角处，沟槽深达十几厘米。

车到达坂城，又停下来，竺可桢又仔细查看戈壁卵石的大小，发现这里二三厘米的卵石比三个泉那一带多多了。说明这里的风比那里的风要小，否则，早就被大风刮跑了。他高兴地说：

"咱们闯过风口了！"

他还想到，在这西部风口，要想测得风暴强度，以在三个泉附近设站为好。

在此以后，兰新铁路通过这里。铁路和气象部门，联合在三个泉设立气象观测站，据其观测记录：每年这里8级以上大风100天以上，其中有12级大风（32.6米/秒）和风速每秒60米的风暴。据测试，风速每秒38.5米的风，即可以刮翻火车的空车厢。事实上，1971年元月9日，三个泉火车站，曾被大风刮翻9节空车皮。此风口区，火车曾因西北风暴阻力太大，而退回三个泉车站。车站的砖墙，迎风面，3年被风沙打磨掉两厘米。车站上的水泥电线杆，被飞沙走石敲击破损，最后被刮断。这些都是风暴为害的记录。

强大的风力，也可用做发电。20世纪70年代末，已在吐鲁番东部风区，小草湖车站建起风力发电站，三级以上的风，只要持续刮两天，发出的电能储入蓄电池，即可供20多人半月照明用电。除害兴利，变害为利，竺可桢的理想不断变为现实。

竺可桢倡导的进行国家自然资源的综合考察，所取得的成果，不断被经济建设所利用。为铭记和发扬他刻苦调查的精神，国家设立"竺可桢野外工作奖"，以鼓励后人，为野外调查事业献身。

"八字宪法"加两字

　　1962年10月1日，竺可桢照例清早起来，见天气晴好，太阳照耀得房瓦闪亮，院子里的盆盆菊花争相开放，黄的鲜艳，白的高洁，红的炽热。各色花朵，像是孩子们的张张笑脸，迎接新中国第14个国庆节的到来。他所精心培植的这架葡萄也熟了，剪下来，叫孩子给院内各家送去，分享这丰收的喜悦，也给各家的孩子们增添节日的快乐。对竺可桢来说，这又是个难得的休息日，孩子们早就要他领着去北海公园，观赏荷花了。

　　国庆节时的北海公园，免费开放。竺可桢一家随着节日的人流，从南门进园，就见沿海边围栏已站了不少人。从人之间望去，粉红色的朵朵荷花，亭亭玉立在碧绿的荷叶上。竺可桢看到北海，又想起9月底在北戴河闭幕的中共中央全会，提出以农业为基础，以工业为主导的发展国民经济总方针，把发展农业放在首位，坚决把工业部门的工作，转移到以农业为基础的轨道上来。他想地理和气象科学应该主要为农业服务，围绕这个主题，考虑自己怎样为农业生产做出贡献。想着这些，游园观景也心不在焉了。

此后，他在中科院党委扩大会上发言，就科学为农服务陈述意见。认为我国历来以农立国，汉族只注意发展农耕作业，忽视畜牧业和林业。我国象形文字的"男"字，是由田字和力字组成的，表明男子主要是在田地里干活。致使草原被开垦，引起风沙；黄土高原，也因毁林垦荒，造成水土流失。给黄河下游带来沉重灾难。必须引起严重注意。接着他又在全国人民代表大会上呼吁，在全国开展自然保护工作，建立自然保护区，以达到生态平衡。

经过一年来的酝酿准备，竺可桢感到想法成熟了，于是围绕为农业生产服务这一主题，写出了《论我国气候的几个特点及其与粮食作物生产的关系》一文。论述了我国气候环境，具体包括温度、阳光和降水等因素，对粮食作物的重要意义。温度影响农作物生长。例如玉米的生长速度，以温度30℃时为最快。气温降至30℃以下，则随温度的降低而减慢，到5℃左右则休眠不长。气温若升高到30℃以上，生长速度也要递减。气温达40℃，大多数作物也停止生长。

日光对农作物的关系明显。比如，一棵树叶子的厚薄，多少及叶绿素的分布，无不与日光强弱有关。人眼能看到的阳光的红色光线和蓝色光线，各自的作用也不相同，前者促使细胞生长，后者使细胞分裂为多个，而进行繁殖。但太阳辐射能是植物叶绿素合成碳水化合物的唯一能源。因此，可以从太阳辐射总量，推算出单位面积农作物的产量。比如，我国长江中下游地区，年总辐射量为每公顷502080亿焦耳。由一种植物碳水化合物完全燃烧，放出的热量为17782焦耳，假定植物进行光合作用的效率是百分之百的。也就是每合成一种植物干物质需要17782焦耳的能量。计算出上述地区每公顷可得282.3吨干物质收获。但一般植物光合作用效率，最高只有5%。这样每公顷收获只有14.1吨。

竺可桢对于降雨量对作物生长的关系，分析得更深入。当时全世界稻米产量几乎全部集中在东亚和东南亚季风区域，1950年占93%。季风区域，夏季气温较高和雨量充沛是重要因素。同处这一区域的日本与我国又有不同。影响日本农业的主要气候因素是温度，而在我国，因为复杂日照较强，气温较高，雨量对农作物就更为重要。尤其是黄、淮、海河流域，雨少了便酿成旱灾。

竺可桢主张生物与气象和地理环境的统一，开发利用，要从整体出发考虑问题。对过量垦伐，很为痛心。他提醒在开发利用东北和内蒙古地区时，开发草原，使之成为牛、羊、马、骡的乐园，而不能大面积开垦，任风吹荡，使肥沃的土壤从空中飘浮入海；利用山地，必须以林业、牧业为主，为大面积开垦，必定造成严重水土流失。

1964年初，竺可桢把这篇文章交给国家科委，刊登在其编印的内部刊物《科学技术研究动态》274期上。

毛主席历来重视农业。读到竺可桢的这篇文章，对他就气候因素有理有据的论述，产生浓厚兴趣。这是竺可桢未曾预料到的。

1964年2月6日，北京雪后初晴，满城素裹银装，在阳光下耀眼夺目，空气净化得清新宜人。这天竺可桢步行上班，踏着路上的积雪，咯吱作响。心情格外舒畅。在办公室与其他几位领导商谈，加强综合考察委员会的领导力量和争取早日建成北京生物中心问题。中午12点刚过，中科院接到中共中央办公厅的电话通知，要竺可桢个人到中南海议事，并告诉说无须带什么汇报材料。

竺可桢立即乘车赶到中南海。那里已有专人等候，把他领到丰泽园。在路上告诉他说，是毛主席请他来的，他心里感到很高兴。当时毛主席就在园里的菊香书屋。

菊香书屋是一所方形四合院建筑。四面各有房五间，北房高而且跨度大，很宽敞。正中一间是门厅，两头两间是藏书室，毛主席住东头两间，是他的卧室兼书房。东房中间也是门厅，南头两间会客室，北头两间是办公室，书记处常在这里开会。南屋是家居住房。西房的南北屋是工作人员值班和办公的地方，中间是穿堂过道，也是菊香书屋出入的主要通道。竺可桢就是从这里进入菊香书屋内的。

竺可桢见这座四合院内，檐前通道是田字形，四株古柏挺立其间，毛主席在院里散步。见竺可桢进得院来，便迎上几步，两人紧紧握手，互致问候。毛主席兴致勃勃地说：我最喜欢北京的雪，今天起来，就听说下雪了，出来逛了一遍。这会又出来走走，还总有不尽情的感觉。他看着竺可桢消瘦的面孔，接着说，你身体单薄，我们还是进屋谈吧！主席关切的话，消除了竺可桢开始见面时的拘束。

一进屋，竺可桢看到，宽大的住房中间偏里，放置一张大木床，左右两侧，各置一套旧式沙发和一张大办公桌。周围是书架，摆满了各种装帧的书籍。毛主席在床上，可以方便地从周围拿到所要看的书。毛主席和竺可桢坐在沙发里，就从我国气候的特点与农作物的关系谈起来。他听到毛主席对碳水化合物合成过程，最感兴趣，认为太阳辐射、温度和雨量，既然对农业生产关系密切，应该在农业"八字宪法"中，另加光和气（温）两字。这样才全面。竺可桢还向主席汇报了中科院为农业服务的一些设想和措施。后来李四光和钱学森来了，四个人的谈话，更是海阔天空。从地球的形成，煤和石油的演变，动植物的进化到气候的变迁。李四光还汇报了主席很关注的我国油矿的探明储量情况。毛主席还向钱学森询问了导弹系统的研究现状，一再嘱咐要组织一个小班子，准备起步。谈话持续到下午三点，临别时，毛主席又要求三人，最近如果有新著，请及时送给他阅读。

竺可桢出了丰泽园，由中科院的车接回家中。他对夫人说：

"从我与毛主席握手那一刹那起，亲身直接感受到，毛主席与蒋先生真是大不一样。毛主是真挚有力，投入全部感情的握手。而蒋先生的握手是礼仪性的，不过是伸手捏一捏。尤其那一双眼睛，是毛主席心灵智慧的闪现。在蒋先生的眼睛里，握手时，流露的却是对你的审视与猜疑。所以在他手下工作的人，感到不踏实。毛主席说，根据我的论述，'八字宪法'应加光和气（温）两字。看来知识分子是可以大有作为的。"

谈话后的第二天，竺可桢即写了封信，附上他最近的两年著作《物候学》和《历史时代世界气候的变动》，由中科院派人送中南海，给毛主席。

毛主席与他们三位科学家的谈话，为竺可桢进行科学创作，注入新的活力，他又继续酝酿思考新著。

毕生耕耘

1966年3月6日，北京下了一场近年罕见的春雪。地面积雪在十几厘米，但雪后天晴，积雪很快融化，空气湿润，促使花草树木，发出嫩芽。北京的春天依然妩媚动人。竺可桢虽然已经是76岁高龄，还总在铭记着毛主席详细询问的气候变化问题，潜心于历史气候变迁的研究，决心在过去研究的基础上，进一步收集资料。完成这个研究课题。

但是，天有不测风云。从5月份开始的"文化大革命"，剥夺了他正常工作的各种条件，上街、去图书馆还得去挤汽车，还有那些每天开不完的会，这些都严重干扰了他的科学研究。虽然他受到周总理的保护，未遭到批斗、抄家。但日常生活也受到限制，比如他几十年来坚持的游泳锻炼，由于游泳池被以什么"资产阶级俱乐部"的罪名，无端查封了，只得停下来。身体得不到适宜的锻炼，加剧了肺气肿病的发展。尽管他相信领导层里有那么多智士贤人的共产党，但也不无担心，再这样"运动"下去，国民经济将成什么样子？对许多问题感到迷惑不解。

正是在这个时候，国务院通过竺可桢，1966年9月21日率中国科学院代表团，赴布加勒斯特，参加罗马尼亚科学院成立100周年纪念活动。行前，陈毅副总理约代表团谈话，他说：

"现在红卫兵搞得有点过分，要把花、鸟、虫、鱼都去掉，我反对。万里长城、孙中山像不应拆掉，云冈石佛更不能毁灭。天安门也用不着改名。中国是有五千年文化的国家。古文化，如印度、埃及、巴比伦，都曾经中断过，唯有中国未中断。古文化不要去捣毁，要充分利用人类遗产。伟大的毛泽东思想是中国的大贡献，但五千年来的中国文化，也是一大贡献。我们不应割断历史，恣意消灭古代文化，而要以批判的眼光，对待古代文化。我们不要打倒知识分子，要他们进行自我教育，要提高到新的水平。同时，让工、农、兵也发挥他们的作用。"陈毅是在上海解放不久，竺可桢结识的第一个共产党高级领导人。当时，他就是从陈毅来认识共产党的。而这时，陈毅在"阴霾密布，横扫旧文化"的高潮中，站出来讲的这一席正直的话，又引起竺可桢内心的共鸣。使他对形势有了清醒的认识，对科学事业前景增加了希望，坚持在科研道路上艰苦跋涉。

竺可桢从布加勒斯特开会回来，感到他在大会宣读的论文《中国近五千年来气候变迁的初步研究》，还需要补充修订。

可是，后来由于"文化大革命"的深入开展，竺可桢的生活条件变得更差了。使他的肺气肿病越来越重。1969年春，竟染成肺炎。住院50天，治好了肺炎，可体质太虚弱了。虽有时还与老伴一起上街买东西，或上图书馆，但许多事已力不从心，更无力去打扫院子，做大气降尘的统计了。年前一次在胡同口，被自行车撞倒，跌伤了腿。因此，1970年元旦以后，他开始深居简出，将体育锻炼的方式，从做广播操，打太极拳，改为室内散步和深呼吸了。但就是在这种状态下，竺老仍坚持修改著作。自己感到去图书馆实在太吃力了，怎么办？

他想到有一位邻居在地理所工作，就去找她商量。请她帮他，从所图书馆代借《自然》和《科学》两种杂志，带回来阅读。这位邻居见竺老身体这样虚弱，在这样动乱的时候，一门心思阅读外国科技杂志，内心很是感动，痛快地答应了。

"文革"时期的地理所，和其他科研机构一样，图书馆里冷清得很，翻阅外文科技书刊的读者，更是寥寥无几。这天，图书管理人员，见居然有人来借《自然》和

《科学》杂志，感到很惊奇。一问听说是竺可桢要看，便高兴地找出来，给来人拿走。

从此，竺老又可以看到这两本享有国际盛名的杂志了。他依旧是一本本逐页翻阅。功夫不负有心人，终于在1972年《科学》杂志第25期上，看到一幅格陵兰岛气温的升降图。这张图表示了近3000年来岛上气温的升降情况。过去年代的气温，是用最新科学方法测定出来的。这是竺可桢期盼多年的古气候测定的结果。

竺老想用这种新的科学方法得出来的结论，验证一下自己对中国近五千年来气候变迁的论述。

竺老把自己研究的结果，用一张温度变化曲线图来表示。横坐标表明时间，纵坐标表示温度，这张图上的曲线，把那个时代的温度高低，表现得一清二楚。他们自己做的图与格陵兰岛气温升降图的曲线放在一起比较。竺老惊喜地看到：两条曲线的上、下波动，几乎是一致的。具体表现在：

公元4世纪，相当我国历史上的三国到六朝时期，格陵兰岛和中国都是气温较低；

唐朝时期，中国气温较高，格陵兰岛那个时期气温也较高；

南宋到清初，中国有两次降温，格陵兰岛那两段时期也出现降温。

验证结果说明，用古史书所载物候资料，研究古气候的变化，是一个有效方法。证明竺老关于中国近五千年来气候变化的结论是正确的，更促使他加紧对论文的补充修改。

竺老这篇论文原是用英文写的。这时，他一边译成中文，一边修改。有的部分段落，还要重写，增加新的内容。

20世纪70年代以来，竺老的肺气肿一年比一年重，呼吸能力逐渐降低，肺活量减小，只有正常人的1/3。稍一运动，就气喘吁吁。有时自己也感到手无卷纸之力，在同龄老人中，身体是最差的了。

在这样艰难的情况下，他仍以最大的毅力，坚持修改文章。但进度是出奇的慢，有时一天也写不满一页稿纸。就是这般写出来的，还可能又经过推敲，给全部删掉。他有时还感到，记忆力这东西，也来捉弄老年人，原本记得装进脑子里的材料，现在要用到了，任凭怎么回忆、搜寻，也找不到下落。有时为了查阅一点资料，慢慢翻上一天书籍，也得不到预期结果。第二天，继续查找，直至找到了，这时老人脸上才浮现出一丝微笑。就这样，他伏身桌案，工作不止。

1972年秋末的一天，竺老疼爱的孙女来看望他。她已下放农场半年，是回来特意看爷爷的。她推门进屋，被爷爷的衰老病态模样惊呆了，好一会说不出话来。心里难过，眼泪止不住地往下流。她想，原本爷爷就面瘦。现在更是两眼深陷，满面倦容，失去以往的幽默。走到爷爷跟前，心痛地劝说：

"爷爷，您身体都衰弱成这样子，别再写下去了，多休息会吧！"

竺老微笑着摇了摇头。

"那么，您慢慢讲，我来给您记录，可以吗？"

竺老还是微笑着轻轻摇头。并把手边的几页稿纸推过来，给孙女看。然后说：

"瞧，我一边写，还要反复修改呢！"

孙女清楚地看到，这几页稿纸上，勾来划去，不知改过多少遍了，仍留有插入待补的空缺。她想该怎样为心爱的爷爷帮点忙呢？看到桌上篮筐里放的写完的手稿，不禁眼睛一亮，指着篮筐，对爷爷说：

"您已经修改过的这部分手稿，我抄写好了给您再修改，这样行吗？"

竺老觉得这个办法还可以。一方面可以减轻自己的劳动，另一方面，年轻人也可以练习写字。就同意了。

她在另一张桌前坐下来，在桌上摊开稿纸，一字字地抄写。她想尽力把字写得清晰工整。以便爷爷容易看清楚。抄了一页又一页，直到天色黑下来，也还没有抄完。她就把抄完的留下，没抄写的手稿，带回去抄了。

过了两天，她把抄完的部分稿子给爷爷送来。正好，爷爷在看她前两天抄好的稿子。她站在爷爷的身边，看自己有没有抄错或漏掉的地方。不一会，她发觉爷爷的眉头皱了皱，把稿子放下，拿起了红笔，在一个字上加了一撇。她伸长脖子近前一看，糟糕，自己又犯了老毛病，"或"字又先写一撇了。又过一会，爷爷又放下稿子，用红笔勾掉一个"启"字。并改写为"殷墟甲骨文"，哪有"启墟"之说呢？她越看越感到后悔起来，觉得自己不应该粗心大意，把稿子抄错了。

等竺老把最后一部分稿子改完，拿起来一看，原本工整干净的稿纸面，被勾上一个个拖长尾的红圈圈。加注上一连串的小红字。甚至一个标点符号，也逃不过这位细心的老科学家一双专注的眼睛。十几天后，竺老在孙女抄写的稿子上，做了几百处修改。又过了几个月。经过反复修改校阅的稿子，才定付出版。

1973年春天，《中国近五千年气候变迁的初步研究》在《考古学报》上发表。竺老以满腔热血浇灌的这棵鲜花，在科学园地里开放了。

5月27日下午6点，周总理在人民大会堂，会见美国科学家代表团，竺老应约出席作陪。客人到来之前，总理同他亲切交谈。两位年逾古稀的老人，都关切地询问对方身体，多多保重。总理告诉他，《考古学报》发表的文章看到了。称赞是"古为今用，洋为中用"的楷模。竺老想，总理工作那样繁忙，还挤时间看自己的文章，又一次感到总理对自己、对科学事业的关怀。

会见过客人以后，周总理又同竺老交谈起来，总理说：

"现在到21世纪，还有1/4世纪的时间，郭老还有19年才100岁，你有17年才100岁，章士钊写书到92岁，你还可以写出不少书来！"

"我也争取写到92岁吧！"

总理临别时嘱咐说：

"以后有什么需要，随时可以打电话给办公室，找我。"

总理的深情期望和关怀，更使他感激不已。

竺老想，一定要把总理的期望变成现实。次日，他就让秘书通知有关人员，到他家里开座谈会。按总理指示，研究气候变迁问题。他带病主持了这个座谈会，然而此时，疾病更严重地侵害了他的肺脏，身体已极度虚弱，上午只开了两个小时会，就疲劳得难以支持。下午，从1点睡到7点，醒来时，误以为是早晨7点了呢！他还想到自己的论文发表后，在国内外引起强烈反向，但自己不过是个"初步研究"，只谈了如何变迁，而未谈为何变迁，需要解答。他感到自己已无力完成了，就把从事气象科学研究的学生找来，一字一板地嘱咐说：

"你把这方面的研究继续下去吧！"

到了1973年下半年，竺老的身体更加虚弱了，不得不住进医院。继续研究工作，已是力不从心了，但他以极大的耐力，强忍病痛的折磨，坚持在气象科学园地里耕耘。每天写日记，记录天气变化，物候情况，并继续关注国家的科研工作。

1974年1月22日是春节，医院同意竺老回家过年，和亲人团聚。春节这天，竺老的夫人陈汲，按照医院要求谢辞了一切来访的客人，仅依竺老的嘱咐，只要孙女婿、从事高能物理研究的汪容进内室看望。竺老高兴地问起粒子研究和层子模型的一些情况，希望我国对一些前沿课题研究，能够有所突破。

如同一棵古树经不得挪动一样，竺老极度衰弱的身体，也经受不起动弹了。春节过后的第二天，他就染上肺炎，又住进医院。在医院里，他仍留心天气的变化，自己病情的发展，坚持写日记。依照几十年养成的习惯，记录自己认为该记上的一切。从2月5日起，字迹开始写得有些潦草，2月6日，竺老在昏迷中短暂的清醒时刻，用一双颤抖的手，记下天气预报，就又昏睡了。以后再没有能清醒过来。直到次日黎明。他的呼吸周期由短促而渐次拉长，呼出又长于吸入，随着轻轻呼出的一口长气，一向燃烧旺盛的生命之火，熄灭了。时间指向2月7日凌晨4时45分，竺老安然离开了人世。但他那"生命不息，工作不止"的奋斗精神，却永远留在人间。

世界五千年科技故事丛书